매일 15킬로미터를 걸었습니다.
쉴 수 없죠. 오른손은 뒤로 감추고
무거운 가방은 왼손에 든 채
24년 동안 수백만 가구의 문을 두드렸습니다.
그러다 보니 판매왕이 되었고 나를 알아보는 사람들도 생겼습니다.
하지만 나는 평범한 사람입니다.
그저 남보다 조금 느릴 뿐 아주 평범한 사람입니다.
옷을 입는 게 느려서 조금 더 일찍 일어났고
걸음이 느려서 어느 한 곳도 지나치지 않고 문을 두드렸습니다.
말투가 어눌해서 더욱 꼼꼼하게 이야기했지요.
빗속을 뚫고 걸어가야 할 때도 있고
숨이 턱턱 차오르는 오르막길을 올라야만 할 때도 있었습니다.
물론 가끔은 힘들지요.
그건, 삶이 그냥 그런 겁니다. 우리 삶이 그런 겁니다.
아무것도 아닙니다. 그냥 계속 이렇게 가면 됩니다.
두려워하지 마세요.
당신 자신을 믿으세요.

Bill Porter

# Door to Door
도어 투 도어

TEN THINGS I LEARNED FROM BILL PORTER
By Shelly Brady

Copyright © 2002 by Shelly Brady
Original English language publication 2002 by New World Library in California, USA
Korean translation copyright © 2011 Sigongsa Co., Ltd.
This Korean edition published by arrangement with NEW WORLD LIBRARY
c/o InterLicense, Ltd., USA through Yu Ri Jang Literary Agency, Korea.

이 책의 한국어판 저작권은 유리장 에이전시를 통해 저작권자와 독점 계약한 시공사에 있습니다.
신 저작권법에 의해 한국 내에서 보호를 받는 저작물이므로 무단 전재와 무단 복제를 금합니다.

# Door to Door
도어 투 도어

내가
빌 포터로부터
배운 10가지

셸리 브레이디 지음 · 장인선 옮김

시공사

존, 미셸, 카트리나, 테레사,
케빈, 에리카, 에밀리, 아이린
그리고 빌에게 이 책을 바칩니다.

Bill porter

차례

추천의 글 13

셸리의 인사 17

1장 - 위대한 승리의 순간 23

2장 - 1932년 9월, 시련이 시작되다 43

3장 - 선택 63

4장 - 세일즈맨 빌 포터입니다 77

5장 - 포틀랜드 판매왕의 탄생 99

6장 - 어머니의 죽음 121

7장 - 혼자가 아니야 139

8장 - 사고의 연속 155

9장 - '장애'라는 말은 존재하지 않는다 187

10장 - 나를 넘어서다 211

빌 포터에게 보내는 편지 227

빌 포터가 보내는 편지 235

감사의 글 241

빌을 안고 있는 어머니 아이린

빌의 고등학교 졸업사진

빌이 왓킨스 세일즈맨으로
일하기 시작한 직후
부모님과 찍은 사진

고등학교 시절 스포츠 기자로
활약하며 받은 상

빌과 빌의 어머니 아이린

빌이 강연을 마치자 나이키는 뇌성마비연합에 기부하기로 결정했다.

빌이늘 걸어서 올라가는
포트랜드 언덕 길

캘리포니아 팜스프링스 근처 라 킨따 리조트에서
한가롭게 즐기고 있는 빌과 셸리

캘러웨이 골프에서 강연하는 빌과 셸리

윌리엄 H. 메이시가 주연으로
나온 〈도어 투 도어(Door to Door)〉

고객의 현관문을 두드리는 빌

빌 포터, 존 글렌 상원의원,
셸리 브레이디,
1998년 워싱턴 DC

## 추천의 글

그때 나는 호텔 프론트에 전화를 걸어 내 앞으로 온 팩스를 방으로 빨리 좀 가져다달라고 짜증내면서 매니저가 보내준 비디오테이프를 플레이어에 밀어 넣었다. 빌 포터에 관한 ABC의 〈20/20〉 방송 테이프였다. 겨우 8분짜리 영상이었지만 비디오가 끝났을 때 나는 손에 리모컨을 쥔 채 방에 우두커니 서서 엉엉 소리 내어 울고 말았다. 그가 보여준 고귀한 인간의 존엄성과 불굴의 투혼이 나를 아기처럼 울게 만들었다. 무엇보다 감동적이었던 것은 어떠한 불행이나 난관에도 굴하지 않는 그의 낙천적인 성품이었다.

그날 오후 나는 그 테이프를 아내에게 보여주었다. 비디오를 보고 나서 우리는 서로 부둥켜안고 뜨거운 눈물을 흘렸다. 그러고 나서 나와 공동으로 시나리오 작업을 하는 스티븐 샤크터에게 테이프를 보냈다. 샤크터 역시 눈물을 쏟았다고 했다. 스티븐과 나는 빌 포터에 관한 시나리오를 써보기로 했다.

빌의 삶에 대해 조사하는 과정에서 빌이 조수 셸리 브레이디 편에 보내온 강연 녹화 테이프를 한 편 보게 되었다. 셸리를 본 후 나는 스티븐에게 이렇게 말했다. "이야기가 점점 더 흥미로워지는군. 매력적인 여자까지 등장하니 말이야."

한 달쯤 지나 스티븐과 나는 셸리와 빌을 만나기 위해 포틀랜드로 비행기를 타고 날아갔다. 셸리가 공항에서 우리를 기다리고 있었다. 공항에서 그녀를 본 순간 우리는 그녀에게 반하고 말았다. 그녀 역시 빌과 마찬가지로 순수하고 맑은 영혼의 소유자였으며 지독한 낙관론자였다. 36시간 후 스티븐과 나는 이 두 사람에게 완전히 매료되고 말았다. 셸리와 빌은 아주 특별하고 독특한 관계를 유지하고 있었다. 두 사람은 생각이 일치하고, 서로 편안하게 대하면서도 존중하며, 함께 있을 때 행복해했다. 무척 부러워서 어떻게 하면 두 사람의 특별한 관계에 끼어들 수 있을까 생각할 정도였다.

그럼 이제부터는 셸리가 그 특별한 관계에 대한 이야기를 풀어놓도록 이쯤에서 물러나야겠다. 정말 멋진 이야기가 될 것이다. 할리우드의 속설처럼 매력적인 여자가 등장하는 이야기는 늘 흥미롭기 마련이다.

캘리포니아 로스앤젤레스에서<br>윌리엄 H. 메이시

**셸리의 인사**

마치 신의 계시를 받아 적는 것처럼 책이 술술 씌어졌다고 말하는 작가들을 가끔 본다. 이 책을 쓰면서 나 역시 비슷한 느낌을 몇 번 받았다. 매일 손가락으로 컴퓨터 자판을 두드리기 전에 마음을 가라앉히고 잠시 기도했다. 그러면 신기하게도 영감이 떠오르면서 금세 빌 포터가 될 수 있었다. 빌은 뇌성마비라는 신체장애가 있는데도 인생의 모든 역경을 이겨냈고 자신이 목표한 것을 이루었다. 빌이 일생 동안 맞닥뜨렸던 숱한 도전을 생각하면 머릿속에서 맴도는 생각을 글로 엮어내는 과정에서 겪은 일시적인 무기력함은 하찮은 문제에 지나지 않았다.

이 책을 어떤 내용으로 채울지에 대한 아이디어는 빌이 제공했다. 빌은 책을 만드는 작업에 열성적으로 참여했고 좋은 소재를 끊임없이 제공했다. 질문을 던지면 빌은 간결하면서도 풍성한 이야깃거리를 쏟아냈다. 일부 작가들 말처럼 빌은 마치 초자연적인 힘과 닿아 있는 듯했다. 빌과 나는 꼬리에 꼬리를 물며 대화를 이어갔다. 오랜 세월을 함께한 지난날의 추억이 세월을 거슬러 올라갈수록 봇물 터지듯 쏟아져 나왔다. 무엇보다도 내가 빌을 보면서 얼마나 많은 가르침을 얻었는지 깨닫게 되었다.

이 책이 나오기까지 많은 영감을 불러일으키고 힘을 북돋워준 이들은 다름 아닌 빌을 아끼고 사랑하는 팬들이었다. 나는 될 수 있는 한 많은 사람에게 빌을 소개하고 싶었다. 육체적·정신적·영적으로 걷잡을 수 없는 나락으로 떨어지다가 신문에서 빌 이야기를 읽거나 ABC 방송의 〈20/20〉에 출연한 빌을 보거나 강연에서 빌을 만난 이후 자신의 삶이 달라졌다고 말하는 사람들을 수없이 보았다.

빌의 이야기를 들으면 사람들은 대체로 이런 반응을 보인다.

"저로서는 상상도 할 수 없는 어려움을 극복하고 성공

하셨군요. 그분에 비하면 제가 무슨 불평을 할 수 있겠습니까?"

여섯 아이의 엄마 노릇을 하면서 이 책을 쓰는 일이 무척 버겁고 힘들었지만 빌을 만나면 에너지가 충전되었다. 그래서 포기하지 않고 책을 완성할 수 있었다.

빌을 처음 만났을 때 나는 열일곱 살 고등학생이었다. 학교 교무실에 들어서는 순간 알 수 없는 힘에 이끌려 게시판에 붙어 있는 종이에 시선이 꽂혔다. 그 종이에는 '배달 직원 모집. 격주 근무. 차량은 자체 조달 가능해야 함. 빌 포터에게 연락바람'이라고 쓰여 있었다. 꽤 괜찮은 여름방학 아르바이트 자리를 이미 확보해두었지만 왠지 모르게 이 일을 꼭 하고 싶다는 생각이 들었다. 고등학생에게는 최고의 조건이었고 실제로도 그러했다. 나는 차를 끌고 라디오를 들으며 이곳저곳 누비고 다니면서 물건을 배달하고 돈을 벌었다. 빌 포터도 마음에 들었다. 그는 친절하고 성실했으며 보수를 최저임금보다 훨씬 많이 주었다.

호기심 많은 고객은 이렇게 묻기도 했다. "빌은 뭐가 문제예요? 다발성경화증이나 근이영양증(근육이 점점 약해지는 중병-옮긴이) 같은 병에 걸린 거예요?"

그때는 빌의 병에 대해서 몰랐고 그에게 어떻게 물어봐야 할지도 몰랐다. 빌과 나는 우호적이고 상호유익한 관계를 유지했기 때문에 그의 병은 중요하지 않았다. 빌의 기분을 상하게 할 수 있는 질문을 했다가 내 생애 최고의 여름방학 아르바이트 자리를 놓칠 수야 없지 않은가?

그로부터 몇 년이 흘러 대학을 졸업하고 첫아이를 출산한 후 빌의 배달 직원이 내 근황을 알고 싶다는 빌의 메모가 적힌 쪽지를 전해주었다. 빌이 나를 기억하고 있고 다시 나와 일하기를 원한다는 사실에 으쓱해졌다. 게다가 추가 수입도 생길 테니 내게도 괜찮은 제안이었다. 이후 우리 두 사람의 삶은 묘하게 엮였고 20년 이상 동고동락하면서 우정을 쌓았다. 삶이 고단하고 힘들 때마다 빌은 내게 힘이 되었고 나도 빌에게 의지가 되었다.

시련이 닥쳤는데 빌이 나와 멀리 있는 경우에는 빌을 떠올렸고 그를 생각하는 것만으로도 새로운 에너지가 솟았다. 나는 빌이 겪어야 했던 모든 고난을 되새겼고 그가 어떻게 부정적인 상황을 긍정적으로 바꿨는지를 나 자신에게 상기시켰다. 빌을 생각하기만 해도 기운이 났고 각오를 새롭게 다지게 되었으며 나도 목표를 이룰 수 있다는 자신감이 생겼다. 빌이 온갖 역경에 맞서 싸우면서 성취한 모든 일을 생각하면서 나처럼 힘을 얻는다는 빌의 팬들을 수없이 보았다. 내가 빌 포터에게서 얻은 가르침을 이 책을 읽는 분들과 나눔으로써 더 많은 사람이 빌 포터라는 사람을 알게 되기를 바란다.

셸리 브레이디

# 1장 위대한 승리의 순간

Door to Door

"열정을 좇으세요.
그러면 꿈이 한 발 더 가까이 와 있을 것입니다."

"생일 축하합니다, 생일 축하합니다, 사랑하는 빌, 생일 축하합니다!" 그렇게 많은 사람이 그토록 진심 어린 목소리로 생일 축하 노래를 부르는 모습은 참으로 보기 드문 광경이었다. 워싱턴 DC의 존 F. 케네디 센터를 가득 메운 관중이 모두 자리에서 일어나 왓킨스 프로덕츠(Watkins Products, 미국의 가정용품 전문업체-옮긴이)의 방문판매원 빌 포터의 예순여섯 번째 생일을 축하하며 박수갈채를 보냈다. 그는 모두가 인정한 진정한 미국의 영웅이기 때문이다.

넓은 강당에 울려 퍼지는 박수 소리를 듣고 있는 빌의 얼굴에는 웃음꽃이 만발했다. 빌의 절친한 친구이자 조수인 나는 그의 왼편에 서 있었고, 그의 오른편에는 또 한 명의 영웅이 서 있었다. 바로 우주비행사 출신의 존 글렌 상원의원이었다. 그날은 국가의사소통장애위원회에서 주관하는 시상식이 있었고 마침 빌의 생일이기도 했다. 빌은 언어장애와 사지근육마비를 동반하는 뇌성마비를 앓으면서도 자신의 분야에서 놀라운 성공을 이뤄냈다. 그래서 그날 상을 받게 된 것이다.

청중은 빌이 말할 때 특별히 주의를 기울여 들어야 했다. 빌의 발음이 다소 부정확하고 말하는 속도가 무척 더뎠기 때문이다. 하지만 문장을 마무리 짓지 못해 힘겨워하더라도 인내심을 갖고 기다리면 마침내 빌은 문장을 완성할 것이다. 그리고 그의 입에서 나온 말은 기다림과 인내를 충분히 보상해줄 것이다. 특히 빌이 손에 서류가방을 들고 여러분의 현관문을 두드릴 때야말로 진정 인내심을 발휘해야 할 순간이다. 빌은 언어장애가 있는 사람들에게 꿈과 투혼 그리고 희망의 산증인이 되었기에 수상자로 선정되었다.

그러나 이 영예로운 시상식은 위대한 인간 승리로 점철된 빌의 인생에서 한 페이지를 장식할 뿐이다.

샌프란시스코 시내에 위치한 컨벤션센터에 전 세계 56개 국에서 모여든 7,000여 명의 관중이 박수갈채를 보내며 한 단어를 연호하고 있었다. 회의장에는 자그마치 14개 언어를 사용하는 사람들이 모였지만 그들이 모두 알아듣고 외쳐대는 이름이 하나 있었으니 그것은 바로 '빌'이었다. 무대조명이 너무 밝아서 빌은 사람들의 얼굴과 그들이 감격에 겨워 흘리는 눈물을 볼 수 없었다. 그러나 그는 관중석을 가득 메운 백만 달러 라운드테이블(Million-Dollar Roundtable, 일명 '백만 달러의 회의'라고 하는 전 세계 보험설계사 단체로 이 단체의 회원이 되는 것은 전 세계 보험인에게 최고 영예임-옮긴이) 회원들의 뜨거운 감동과 사랑을 온몸으로 느낄 수 있었다. 그날 관중석에는 세계적으로 인정받은 최고의 보험설계사로 가득 차 있었다. 뜨거운 박수갈채가 잠잠해지자 나는 언어장애가 있는 빌을 대신하여 10분 동안 연설했다. 연설이 끝나자 또다시 박수갈채가 연설 시간과 맞먹을 만큼 길게 이어졌다. 빌이 기립 박수가 도대체 언제쯤 끝날지, 그리고 박수가 계속되는 동안 어떻게 해야 하는지를 묻는 듯한 표정으로 나를 쳐다보았다. 나는 어찌 알겠느냐는 뜻으로 어깨를 으쓱한 다음 그의 귀에 속삭였다. "이 순간을 맘껏 즐기자고요."

이 사건 역시 파란만장한 빌의 인생에서 기억에 남을 만한 한 장면에 불과하다.

분장사가 번들거리는 빌의 정수리에 파우더를 발라주었다. ABC 방송국의 〈20/20〉(명사 인터뷰와 탐사보도를 위주로 하는 미국의 대표적 시사 프로그램-옮긴이) 제작진이 빌에게 출연을 제의했을 때 나는 너무 놀라서 믿어지지 않았다. 단조로운 일상을 반복하며 근근이 수지를 맞추면서 살아가던 방문판매원과 그의 조수가 어느 날 갑자기 방송국 카메라 앞에서 특파원 밥 브라운과 마주앉게 된 것이다.

〈20/20〉라는 프로그램의 시청자가 자그마치 2,000만 명이 넘는다는 것을 알게 된 빌은 갑자기 일어난 꿈같은 일에 어리둥절해했다. 방송에 출연하고 나면 우리 삶이 달라질 것이라고 했다. 기업들의 강연 요청이 쇄도할 것이다. 나는 벌써부터 빌 이야기가 책이나 영화로 만들어질 것이라는 기대에 부풀었다. 빌은 방송 출연이 자신의 영업 실적에 도움이 될지 반신반의하며 모든 것을 덤덤하게 받아들였다. 빌은 일대일 세일즈가 가장 효과적이라고 믿고 있었다. 빌은 프로그램 진행자인 바바라 월터스를 실제로 만나게 된다는 사실에 더 흥분했다. 그러나 빌이 세운 목표는 더 높고 원대했다.

전화벨이 울렸다. 배우 윌리엄 H. 메이시의 개인비서였다. 메이시와 시나리오 작가 겸 감독인 스티븐 샤크터가 포틀랜드까지 비행기를 타고 날아와서 빌과 나를 직접 만나고 싶어 한다는 말을 전했다. 3년간 고된 노력과 몇 번 무산 위기를 넘긴 끝에 드디어 TNT에서 빌의 실화를 바탕으로 영화를 제작하기로 했다. 아카데미상 후보에 올랐던 배우 빌 메이시가 시나리오 작업에 공동으로 참여했고 빌을 주인공으로 한 다큐멘터리 영화의 주연도 맡았다.

나는 메이시와 샤크터 감독을 마중하기 위해 공항으로 달려갔다. 메이시의 열렬한 팬인 나는 그들이 비행기에서 내려 게이트를 빠져나오기를 기다리는 동안 두근거리는 가슴과 떨리는 몸을 진정하느라 애썼다. 그러나 나는 금세 오랜 친구처럼 두 사람과 수다를 떨고 있었다. 그리고 곧장 빌의 집으로 달려갔다. 마침내 두 명의 빌이 직접 대면하는 순간이 왔다. 메이시가 오른손을 내밀어 빌에게 악수를 청했고, 빌은 이에 흔쾌히 응했다. 두 사람의 악수는 서로에 대한 깊은 존경의 상징처럼 느껴졌다. 그 순간 메이시가 빌의 역할을 훌륭하게 해낼 적임자라는 것을 직감으로 알았고, 두 사람의 끈끈한 유대감은 감동과 눈물을 자아냈다. 그러나 빌의 인생은 이보다 더 흥미진진한 사건으로 가득 차 있다.

늦은 오후, 캘리포니아 팜 스프링스 외곽에 마치 사막 한가운데에 펼쳐진 오아시스처럼 서 있는 라 킨타 리조트에서는 살랑대는 미풍에 야자수가 부드럽게 몸을 흔들어대고 있었다. 창백한 내 피부에 그을음이 약간 더해졌다. 빌과 나는 수영장에 놓인 선베드에 드러누워 피나 콜라다를 홀짝이고 있었다.

"천국이 따로 없군. 더 바랄 게 없어."

빌이 얼굴에 햇빛이 닿지 않도록 모자를 고쳐 쓰면서 내게 말했다. 수백 명을 대상으로 동기부여 강연을 마치고 나서 휴식을 취하고 있었다. 강연은 성공적이었다. 전국을 누비며 강연활동을 하러 다녀야 하는 바쁜 일정에 빌이 어느 정도 적응하고 있다는 느낌이 들었다. 춥고 음산한 오리건 포틀랜드에서 가파른 언덕길과 계단을 오르내리며 미끄러지고 넘어지면서 가가호호 현관문을 두드리며 돌아다녀야 했던 지난겨울은 이제 추억이 되었다. '이런 맛에 사람들이 부와 명예를 추구하는구나. 나도 이 정도는 충분히 소화할 수 있을 것 같군. 그런데 어떻게 아이들 여섯과 남편을 끌고 리조트를 전전한담?' 내가 이런 생각에 빠져 있을 때 빌이 나의 몽상을 깨우면서 물었다. "자동응답기에 들어온 메시지가 몇 개나 되지? 주문이 몇 개나 들어왔냐는 말이야. 서둘러 돌아가지 않으면 주문했던 고객들이 대형 할인매장에서 물건을 구매할 거야."

"그럴 리가 없어요. 그 고객들은 당신을 절대적으로 신뢰하거든요." 내가 말했다.

"바로 그거야. 자동응답기가 아니라 나를 신뢰하는 거라고." 빌이 대답했다.

그날은 빌의 몸 상태가 좋지 않아서 이동이 제한되었고 라 킨타 리조트에서 보낸 시간만이 유일하게 즐거운 추억이 되었다. 그러나 빌은 남부 캘리포니아에서 보낸 그때를 자주 회상했다. 그는 눈을 감으면 그날의 따사로운 햇볕이 살갗에 느껴지고 야자수 사이로 바스락 소리를 내며 지나가는 바람소리도 들린다고 했다.

그러나 빌이 이루고자 하는 인생의 목표는 이보다 훨씬

더 원대했다.

빌은 가가호호 초인종을 누르고 수없이 문전박대를 당하면서 긴 세월을 보냈다. 초인종을 눌러도 아무 대답이 없거나 거부당하기 일쑤였지만 그 어떤 반응에도 빌은 결코 실망하거나 포기하지 않고 끊임없이 문을 두드렸다. 빌이 이처럼 평온을 유지할 수 있었던 것은 '다음 집은 분명히 물건을 살 거야'라는 강력한 주문을 자신에게 걸었기 때문이다.

빌은 포틀랜드 북서부의 가파른 언덕길을 힘겹게 걸어 올라가면서 이 주문을 되풀이해서 되뇌었다. 지난달 방문했을 때 "도대체 몇 번을 더 말해야 하죠? 다시는 오지 말란 말예요, 절대로!"라고 버럭 화를 냈던 집을 다시 방문할 때에도 빌은 똑같은 주문을 마음속으로 되새기며 새로운 희망을 품고 문을 두드렸다. 끊임없이 마음을 새롭게 가다듬고 자신감을 충전하면서 몇 달 동안 같은 집의 초인종을 눌렀다. 그것이 빌의 전략이었고 훌륭한 세일즈맨이라면 모두 알고 있는 전략이다. 고객이 "안 사요"라는 말을 되풀이하는 게 지겨워서 결국 "살게요"라고 말하게 될 때까지 집요하게 물고 늘어지는 것이다. 고객은 언젠가는 사게 되어 있다. 이 전략은 모든 사람에게 통한다.

이러한 긍정적인 생각은 마치 전류와 같이 빌의 마음과 몸에 항상 흐르고 있다. '방금 고객이 다시는 오지 말라고 한 것 같은데? 틀림없이 내가 잘못 들었을 거야.' 고객의 거절에 빌은 이런 식으로 반응했다.

몇 달 또는 몇 년 동안 끈질기게 찾아간 끝에 마침내 벽이 무너지기 시작한다. 우선 고객의 목소리에서 체념의 기미를 감지한다. 그러고 나면 고객은 빌을 집안으로 들인다. 일단 집안에 발을 들여놓으면 먼저 카탈로그를 보여준다. 그러면 고객은 결국 그중에서 하나를 사겠다는 말을 내뱉고 만다. 고객은 겨우 바닐라 한 병을 주문했지만 지난번 방문했을 때만 해도 절대로 다시는 오지 말라며 문전박대했던 바로 그 고객이 물건을 산 것이다. 이것이 바로 위대한 승리의 순간이다.

처음 방문하는 고객의 집 앞에서 초인종을 누를 때 빌은 물 만난 물고기처럼 살아 있음을 느낀다. 고객이 어떤 사람일지, 어떤 반응을 보일지, 고객의 심리상태가 어떤지 전혀 알 수 없는 그 순간이야말로 가장 짜릿한 긴장감과 도전의식을 불러일으킨다. 그렇지만 그 순간 빌의 마음을 가장 설레게 하는 것은 '과연 판매에 성공할까' 하는 기대감이다.

빌의 단골은 500명이 넘는데 그중에서 절대 다시 찾아오지 말라는 말을 했던 고객이 35명쯤 된다. 그런데 지금은 이들이 가장 확실한 단골이 되었다.

빌은 세일즈에 열정을 가지고 있다. 최고가 되는 것이 목표다. 내가 빌에게서 배운 것 가운데 가장 큰 교훈은 누구나 열정을 좇다보면 꿈을 이룰 수 있다는 것이다. 어떤 장애물이 가로막는다 해도 꿈을 향해 꾸준히 한 방향으로 나아가다 보면 어느새 꿈을 이루게 된다는 사실을 빌은 증명해 보였다.

세일즈는 빌의 인생 자체다. 어디를 가든 빌은 세일즈를 한다. 처음 기업들이 빌에게 강연을 부탁했을 때 빌은 전혀 관심이 없었다. 나는 빌이 언어장애 때문에 사람들 앞에 나서기를 꺼린다고 짐작했다. 그러나 빌이 강연 요청을 거절한 것은 언어장애 때문이 아니라 대규모 청중을 대상으로 이야기하는 것이 자신이 추구하는 '스타일'이 아니기 때문이라는 것을 알게 되었다. 빌은 자신이 일대일 대화를 선호하는 구식 세일즈맨이라고 했다.

하지만 나는 강연 기회를 놓칠 수 없었다. 대학에서 연기를 전공한 나에게 강연은 대단히 구미가 당기는 제안이었고 잘해낼 자신도 있었다.

"잠깐만요. 못할 것도 없잖아요. 저랑 함께하면 어떨까요?" 내가 제안했다.

빌은 썩 마음에 내키지는 않지만 내가 원하니까 한번 해보겠다고 했다. 무대에 서야 한다는 두려움보다 강연 때문에 방문판매에 지장이 생긴다는 사실에 빌은 더 불편해했다. 우리의 첫 강연은 토요일에 예정되어 있었다.

"토요일은 절대 안 돼! 고객들에게 전화를 돌리는 날이잖아." 빌이 단호하게 말했다. 토요일은 빌이 주중에 방문했을 때 부재중이던 고객들에게 전화하는 날이었다. 나는 다음 주말에 한꺼번에 몰아서 하라고 설득했다. 빌 스스로 만든 원칙이니 마음만 바꾸면 되는 일이었다.

"절대 안 돼. 그러니까 그 얘기는 그만하자고."

나는 다른 논리로 다시 설득했다.

"집에 틀어 박혀서 고객들한테 전화 돌리는 것보다 토요일 강연을 나가서 버는 돈이 더 많다면 그게 낫지 않아요?"

빌은 꿈쩍도 하지 않았다. 그러다가 내게 번뜩이는 아이디어가 떠올랐다.

"강연에 참석하는 300명이나 되는 청중이 모두 우리의 잠재고객이라고 생각해보세요. 그 사람들에게 카탈로그를 돌리는 거예요. 어때요? 다음 달 수입이 배로 늘어날 수도 있어요." 내 예상은 적중했다. 빌의 머릿속에서 계산기 두드리는 소리가 들렸다. 우리 예상대로 강연이 끝난 후 수십 명이 빌에게 물건을 주문했다.

어디를 가든 빌은 새로운 친구를 사귐과 동시에 그들을 고객으로 만드는 능력이 있다. 빌에게 친구와 고객은 동의어나 마찬가지다. 한번은 빌이 일하는 왓킨스에서 요청한 강연을 하기 위해 캘거리로 비행기를 타고 가야 했다. 처음으로 해외여행을 가게 된 것이다. 출발일 아침, 한 가지 걱정스러운 생각이 머릿속을 맴돌았다. 그 전날 밤, 남편이 잠들기 직전 내게 물었다. "그런데 빌은 사진이 붙은 신분증을 가지고 있어?"

남편이 질문한 다음날 아침 내내 그 일이 마음에 걸렸다. 나는 짐을 싸고 아이들과 작별인사를 나눈 다음 택시를 타고 공항으로 갔다. 늘 시간을 정확히 지키는 빌이 벌써 공항에 도착해서 나를 기다리고 있었다. 우리는 함께 발권 카운터로 걸어갔고 비행기 표를 제시했다. 그러자 우려가 현실로 나타났다. 항공사 직원이 사진이 부착된 신분증을 요구한 것이다.

"제 신분증은 여기 있습니다. 그런데 옆에 있는 동료는 운전면허가 없기 때문에 사진이 부착된 신분증이 없는데요."

혹시라도 사진이 붙은 뭔가가 있을까 싶은지 빌은 가방 속을 더듬었다. 발권 카운터는 빌이 지갑에서 꺼내놓은 신용카드, 버스 패스, 영수증 등으로 금세 난장판이 되었다. 아무리 찾아도 적당한 신분증이 없자 빌은 순진한 어린아이처럼 도서관 출입증을 들어 보였다.

항공사 직원은 어이없는 빌의 행동에 잠시 웃고 나서 진지한 표정으로 물었다. "포터 씨, 혹시 여권이나 출생증명서는 있으세요?"

"안 갖고 왔어요." 내가 빌 대신 대답했다. "그런데 혹시 〈오레고니언〉이라는 잡지를 구독하시나요? 그렇다면 이 사람이 누군지 아실 거예요. 이 사람이 바로 '어느 세일즈맨의 삶'이라는 제목으로 그 잡지에 실렸던 주인공이에요. 태어날 때부터 뇌성마비를 앓았고 오리건 주에서는 아무도 일자리를 주지 않았지만 포기하지 않고 노력해서 왓킨스 프로덕츠의 최고 세일즈맨이 된 바로 그 사람이라고요. 컨벤션 참석자들에게 강연하기 위해 지금 캐나다로 가야 해요. 이 잡지 표지에 실린 사진을 보세요. 사진 밑에 '빌 포터'라고 적혀 있잖아요. 이 사진으로 신분증을 대신하면 안 될까요?"

그 직원은 상사와 상의해보겠다면서 잠시 자리를 비웠다. 빌과 나는 손가락을 만지작거리며 뒤에서 기다리는 다른 승객들에게 미안하다는 표정을 지어 보이고는 카운터 앞에서 마음을 졸이며 그 직원이 돌아오기를 기다렸다.

이윽고 직원이 돌아와서 말했다. "캐나다로 가도록 출국 허가는 해줄 수 있지만 미국 시민임을 입증할 수 있는 신분증이 없으면 미국에 다시 입국할 수 없습니다."

'남편과 아이들은 어떻게 하라고! 그럴 수는 없지!' 나는 생각했다. 항공사 직원은 "적절한 서류를 갖춰서 다음 비행기를 타시는 것이 어떻겠습니까?"라고 물었다.

우리는 곧장 공중전화 박스를 찾아서 빌의 출생지인 샌프란시스코의 인구동태통계청(생사, 혼인 등의 자료를 보관하는 기관-옮긴이)에 전화를 걸었다. 10분 정도 수화기를 들고 기다린 끝에 마침내 수화기 반대편에서 목소리가 들렸다.

"윌리엄 더글러스 포터 씨의 출생증명서를 찾아드릴 수 있습니다. 그런데 처리하는 데 3주 걸립니다. 팩스로 보내드릴 수는 없습니다. 공항직원을 설득하기 위해 저희가 도와드릴 수 있는 일이 없군요. 죄송합니다." 수화기 반대편에서 찰칵하는 소리가 들렸다.

택시를 잡아타고 빌의 집으로 가는 내내 나는 빌이 애용하는 주문 가운데 하나인 "어떤 장애물도 나를 막을 수는 없어"라는 말을 계속 읊조렸다. 우리는 집안의 서랍과 옷장을 뒤지기 시작했다. 사진이 부착된 빌의 신분증을 찾아 헤매면서도 오래된 빌의 가족사진에 자꾸 눈길이 갔다. "사진 속 어머님이 정말 아름다우시네요. 미인이세요." 나는 한숨을 쉬며 말했다. '잡담은 그만하고 신분증이나 빨리 찾아야지'라고 생각하며 다시 뒤졌다.

드디어 스크랩북 더미 밑에서 붉은 글씨로 '통계청'이라고 적힌 낡은 종이가방을 발견했다. 나는 가방을 거꾸로 들고 내용물을 바닥에 쏟은 다음 하나씩 확인했다. 어니스트 포터의 사망증명서, 빌 부모님의 혼인증명서, 보험증, 오래된 전기료 영수증 등이 보였다. 그러다가 드디어 윌리엄 더

글러스 포터라고 쓰인 뭔가를 발견했다. 세례증서였다. 세례증서라도 가능할지 모른다고 생각했다.

나는 후다닥 종이가방에다 모조리 쑤셔 넣은 뒤 택시를 타고 차량관리국(차량등록, 운전면허증 발급 또는 갱신을 담당하는 기관-옮긴이)으로 달려갔다. 20분 동안 줄을 서서 기다린 끝에 내 차례가 왔다. 나는 빌의 사진이 표지에 실린 잡지와 서류가 든 가방을 나란히 카운터에 올려놓고 사정을 설명했다.

"비행기를 놓쳤어요. 우리는 꼭 캐나다에 가야 합니다. 이 사람이 그 유명한 빌 포터인데 사진이 부착된 신분증이 필요해요."

본격적으로 사정을 얘기하기도 전에 차량관리국 직원이 내 말을 가로채며 이렇게 말했다.

"아, 〈오레고니언〉에 실렸던 그분이군요. 그 기사를 읽고 얼마나 울었는지 몰라요." 그 직원은 잠시 말을 멈추고 카운터에 놓인 서류를 살펴보았다. "이게 뭐죠? 신원을 입증할 수 있는 서류가 세례증서 하나뿐이군요. 음, 원래는 서류가 두 가지 필요한데…. 절대 아무에게도 말하지 않겠다고 약속한다는 전제 아래 특별히 봐드리겠습니다. 이 분의 신원에 대해서는 의심할 여지가 없으니까요. 사진을 찍어야 하니까 뒤쪽으로 오세요. 비행기를 꼭 탈 수 있도록 신속하게 처리해드리지요."

내가 서류를 작성하는 동안 빌은 방금 만난 새 친구이자 고객에게 왓킨스 계피 한 통을 팔았다.

만약 빌이 이 사건을 기술했다면 이야기는 이렇게 달라졌을 것이다.

한번은 사진이 부착된 신분증이 없어서 비행기를 놓친 적이 있다. 비행기를 놓친 것은 상관없었다. 나는 그날 하루 판매실적이 날아갔다는 것에 더 화가 났다. 그러나 불행 중 다행인 것은 차량관리국의 친절한 여직원이 계피 한 통을 사주었고 자기 가족과 친구들에게 보여주겠다며 카탈로그를 가져갔다는 사실이다. 사진이 부착된 신분증이 없었던 것이 오히려 잘된 일이다. 그것 때문에 결국 새로운 고객을 확보하게 되었으니 말이다. 셸리는 정신이 하나도 없어 보였다. 셸리의 얼굴을 보니 금방이라도 쓰러질 것 같았다.

빌 포터는 자신이 열정을 가진 일에 집중함으로써 성공한 완벽한 모범 사례다. 자기 아버지와 마찬가지로 빌은 세일즈를 사랑했다. 자신의 가치를 지키면서 최고 세일즈맨이 되는 것이 그의 목표였다. 빌이 강연을 마치고 나서 10분 동안 기립박수를 받은 적이 있는데 그때 그가 청중에게 강조했던 메시지가 바로 '지금 당장 도전하고 실천하라'라는 것이었다. 내가 빌에게서 맨 처음 배운 교훈이 바로 '진정으로 자신이 원하는 것을 하라'라는 것이다.

## 2장
# 1932년 9월, 시련이 시작되다

Door to Door

"인생에서 멈춤이란 없습니다.
앞으로든 뒤로든 계속 나아가야 합니다."

1932년 9월 9일은 어니스트 포터와 아이린 포터 부부에게 가장 행복한 날이었다. 새벽 2시 20분, 그들은 윌리엄 더글러스 포터라는 남자아이를 품에 안고 감격에 겨워했다. 난산이라 의사는 겸자로 아기를 꺼내야 했지만 아이린은 그날 아침 품에 안겨 있는 작고 건강한 사내아이를 얻기 위해서라면 기꺼이 산고를 다시 치를 수 있을 만큼 행복했다. 탁자에 놓인 출생증명서는 아이가 건강하다는 사실을 입증해주었다. 증명서의 스물아홉 번째 줄에는 '선천성 장애 및 기형: 없음'이라고 분명히 적혀 있었다.

아기가 태어난 후 뇌성마비 조짐이 전혀 나타나지 않았

던 처음 몇 달 동안 빌을 품에 안고 행복해하는 아이린의 모습을 머릿속에 그려보았다. 엄마가 아기의 손가락과 발가락을 세어보고 부드러운 피부를 만져보면서 잘생긴 얼굴을 손가락으로 부드럽게 어루만지는 모습이 그려진다. 아기는 흠잡을 데 없이 완벽해 보였다.

그러나 얼마 지나지 않아 엄마는 아기에게 뭔가 문제가 있음을 알았다. 엄마는 누구보다도 먼저 그 사실을 눈치 챘다. 아기의 오른손은 정상으로 보였지만 아기는 항상 주먹을 꼭 쥐고 있었다. 아이린은 또한 아기의 등이 굽고 뻣뻣하게 굳어 있음을 알아차렸다. 아이린은 아기의 어깨와 등을 열심히 마사지해주었다. 그리고 아기 손가락을 조심스럽게 펴보았지만 손가락은 금세 작은 주먹 형태로 돌아갔다.

아이린은 독자적으로 아동발달단계에 대해 조사했다. 그 결과 빌의 발육이 정상적으로 진행되지 않는다는 사실을 알았다. 빌은 혼자서 몸을 뒤집거나 똑바로 앉거나 기지 못했다. 아이린은 당시 구하기 어려웠던 아동발달 관련 서적을 모조리 구해다 읽었다. 그중에 '낙하산 테스트'라는 방법을 추천한 책이 있었다. 낙하산 테스트는 아이의 얼굴이 바닥을 향하도록 한 다음 아이를 60센티미터 정도 높이에서 수직으로 떨어뜨리는 실험을 말한다. 이때 정상적인 6개월 된의 아기는 추락의 충격을 줄이기 위해 팔다리를 쭉 펴서 자신을 보호하려는 본능을 나타낸다. 그러나 빌은 보호 본능의 기미는 전혀 보이지 않으면서 침대 위로 힘없이 털썩 떨어졌다.

아이린은 친구와 친척 아기들의 발달과정을 유심히 관찰했다. 빌의 발육상태를 다른 아기들과 객관적으로 비교하기 위해서였다. 빌의 돌이 다가오자 아이린은 이제 더는 자신을 속일 수 없었다. 빌의 발육이 정상적이지 못하다는 사실을 인정할 수밖에 없었다. 주먹을 꼭 쥐고 있는 빌의 오른손을 곧게 펴보려고 수없이 시도해봤지만 소용없었기 때문이다. 기적처럼 빌의 굽은 등과 어깨가 펴지기를 간절히 바라며 쉬지 않고 한 시간씩 마사지했지만 아무 소용없었다. 전문가의 도움이 필요하다는 것을 부인할 수 없었다.

아이린은 주치의에게 빌의 신체적인 문제점을 설명했다. 의사는 빌의 증상을 듣자마자 뇌성마비라는 진단을 내렸다. 순식간에 빌의 삶은 의사, 물리치료사, 전문가들에 둘러싸인 혼란의 소용돌이에 휩싸였다. 1930년대에는 뇌성마비에 대해 알려진 바가 거의 없었지만 전문가들은 대부분 빌이 정상적인 삶을 살 수 없다고 선고했다. 그들은 빌이 정신지체아가 될 것이라고 예상하면서 전문시설에 보내라고 권고했다. 포터 부부는 아기와 떨어져 사는 것은 상상조차 할 수 없었다.

아이린은 빌이 총명하고 똑똑한 아이라는 것을 직감으로 알았다. 그녀는 아들에게 장애를 가져다준 병에 대해서 속속들이 알아내 모든 수단과 방법을 동원해 그 병과 싸워서 이기고야 말겠다고 다짐했다. 아들을 최대한 정상인에 가깝게 키워내는 것이 아이린의 유일한 목표이자 사명이 되었다. 포터 부부는 빌 이외의 다른 자식은 필요하지 않다고 생각했다. 부부는 모든 시간과 에너지를 빌에게 쏟아 부었다. 그들은 자신들의 삶을 송두리째 빌에게 바쳤고 그것을 한 번도 후회하지 않았다.

빌은 자라면서 어머니에게 자신의 출생과정을 여러 번 반복해서 물었다. 그의 어머니는 이렇게 설명했다.

"난산이었단다. 산고가 너무 오래 계속되어 너와 내가 같이 죽을까 봐 모두들 걱정했지. 네가 산도에 갇혀서 도무지 나올 수 없게 되자 의사는 겸자를 써야만 했단다. 겸자 때문에 네가 살았지만 바로 그 겸자 때문에 네 뇌가 손상을 입었지. 그래서 네 근육이 말을 듣지 않는 거란다. 그렇지만 그런 것은 하나도 중요하지 않아. 정말 중요한 것은 가는 방법이 아니라 네가 가고자 하는 목적지가 어디냐 하는 것이란다."

빌은 포터 부부가 아들이 뇌성마비라고 밝혀야 했을 때 어떤 심정이었는지 짐작조차 하지 못했다. 가족은 그들의 슬픔을 위로했다. 눈물도 많이 흘렸고 왜 하필이면 빌인지 그리고 왜 자신들이 그렇게 가혹한 고통을 당해야 하는지 원망도 많이 했다. 그러나 뚜렷한 답은 찾지 못했다. 그저 신의 뜻이라 믿으며 현실을 받아들였다. 포터 부부의 가까운 친구는 이렇게 회상했다. "처음 빌이 뇌성마비라는 것을 알고 포터 부부는 절망했지만 그것은 잠시뿐이었습니다. 부부에게 빌은 하나님께서 주신 고귀한 선물이었으니까요."

세일즈맨이었던 어니스트는 안정적인 직장을 그만두었다. 대공황으로 경제난이 심각한 때에 장애아를 키워야 하는 가장인 그가 그런 결정을 한 것은 놀라운 일이었다. 그는 아들의 장애에 대해 더 배울 수 있고 치료에도 도움이 될 만한 일을 찾았다. 그리고 장애인학교였던 샌프란시스코의 베리스쿨에서 일자리를 얻었다. 그는 물리치료 업무를 담당했다.

빌은 종종 아버지와 함께 학교에 갔다. 장애아들이 똑바로 걷도록 돕기 위해 발에 밧줄을 연결한 '오리신발'이라는 긴 나무판자가 있었는데 빌은 이 오리신발을 신어본 일을 지금도 기억한다. 그 후 10년 동안 어니스트와 아이린 부부는 샌프란시스코를 비롯해서 로스앤젤레스, 피닉스, 시카고에 있는 장애인학교에서 근무했다. 자신들의 도움이 필요한 곳이라면 어디든 달려가서 일했다.

아이린이 학교의 조리사로 일해서 받는 돈으로 어니스트가 세일즈를 그만두면서 줄어든 수입을 보충했다. 부부는 빌이 운동할 수 있도록 도왔다. 그 결과 근육의 움직임이 훨씬 좋아졌다. 매일 저녁 빌의 언어치료도 도왔다. 빌은 배우는 속도가 빨랐다. 빌의 언어소통 능력과 의지는 급속도로 발전했다. 그리고 부정론자들이 틀렸음을 입증했다. 빌의 지적 능력은 정상이었다. 포터 부부와 빌은 빌이 부모 곁에 남을지 아니면 시설에 가야 할지 결정하기 위해 길고 고통스러운 시험을 견뎌야 했다.

빌이 자신의 장애를 어떻게 생각했는지, 즉 다른 아이들과 달라서 열등감을 느꼈는지는 빌 자신만이 안다. 빌은 자신의 장애를 부정적으로 생각한 적이 없다고 했다. 과거에 집착하기보다는 미래를 생각하는 긍정적인 가치관은 부모님에게서 빌에게 고스란히 대물림되었다. 포터 가문에서 과거는 교훈의 원천이지 집착의 대상이 아니었다. 이런 맥락에서 빌에게 뇌성마비는 과거에 일어난 하나의 사건에 불과하다. 새로울 게 없는 과거의 사실을 되새기는 것은 무의미하다. 따라서 빌은 다른 사람들이 자신의 뇌성마비에 특별한 관심을 보이는 것도 원치 않는다.

빌을 처음 만난 지 몇 년이 흐른 뒤에야 나는 용기를 내서 그의 장애에 대해 물어보았다. 빌은 자신의 뇌성마비에 대해 솔직하게 말했다. 빌은 짧고 명쾌하게 자신의 상태를 설명했고 이후 10년 동안 그 문제는 다시는 언급되지 않았다.

"궁금한 게 있어요. 고객들이 자꾸 물어봐서 그러는데 병명이 정확히 뭐였는지 기억나질 않아요. 다발성경화증인가요, 뇌성마비인가요?"

빌은 아무렇지도 않은 듯이 대답했다. "뇌성마비야."

말을 더듬는 일이 거의 없는데 혀가 계속 꼬였다. "그게 뭔가요? 어쩌다가 그렇게 된 거예요? 시간이 지나면서 더 나빠지나요?"

불편하고 갑작스러운 질문에 빌은 이렇게 대답했다.

"태어날 때부터 뇌성마비였어. 어머니 말씀으로는 의사가 사용했던 겸자라는 기구 때문에 출산할 때 뇌의 일부가 손상되었다는군. 앞으로 더 나빠지지도 더 좋아지지도 않을 거야. 보다시피 이런 상태로 계속 가는 거지. 별거 아니야. 내 과거일 뿐이지. 그것 때문에 특별히 힘든 것도 없고. 뇌성마비 때문에 문제 될 것은 아무것도 없어. 나는 마음먹은 일은 뭐든지 할 수 있으니까. 그리고 지금 내 목표는 왓킨스 제품을 많이 파는 것이고 2주 뒤에는 실적을 더 높이는 것이지."

그 뒤 나는 뇌성마비에 대해 조사해보았다. 뇌성마비는 뇌에 산소공급이 원활하지 않을 경우 자주 발생하며 대부분 출산과정에서 발생한다고 한다. 현대의학이 발달하면서 빌처럼 출산 중에 발생하는 일은 매우 드물다고 한다. 뇌성마비연합 등 여러 기관에서 뇌성마비의 원인을 찾고 예방하기 위한 연구를 지원한다. 요즘은 산전, 산후 관리를 통해 뇌성마비 발생률이 현격하게 낮아졌다.

나는 가끔 겸자가 빌의 뇌를 손상시킨 것이 아니라 그의 생명을 구한 것이 아닌가 생각해본다. 겸자를 사용하지 않았다면 빌은 결국 산도에 갇혀 숨을 쉬지 못했을 것이기 때문이다. 하지만 빌의 뇌성마비에 대해 생각하는 것은 무의미하다. 빌이 그랬듯이 나도 빌의 뇌성마비를 과거 속에 묻어버려야 한다.

아무리 생각해도 빌은 평범한 사람이 아니다. 어떻게 그렇게 항상 낙관적일 수 있을까? 살이 에일 듯이 춥고 음산한 겨울 아침에도 기쁜 마음으로 침대를 박차고 일어나 차가운 콘크리트 바닥으로 나설 수 있는지 모든 것이 불가사의하기만 하다. 빌은 30년 이상 한결같은 열정으로 이런 일상을 반복했다. 빌의 자명종은 매일 아침 4시 45분에 울린다. 포틀랜드 시내로 가는 7시 20분 버스를 타려면 준비할 시간이 있어야 하는데 단정하고 깔끔하게 차려 입으려면 이렇게 긴 시간이 필요하다. 빌은 시간에 쫓겨 대충 서둘러 옷을 걸쳐 입는 것을 싫어한다. 빌은 세일즈에서 외모가 매우 중요하다고 생각한다. 특히 고객의 집안으로 들어가서 물건을 팔아야 하는 방문판매에는 외모가 매우 중요하다고 믿는다.

그래서 빌은 새벽에 일어나 힘겹게 옷을 갖춰 입는다. 양말을 신고, 바지와 흰색 와이셔츠를 입고 외투를 걸친 후 마지막으로 구두를 신는다. 이 모든 과정에서 빌의 오른손은 그다지 도움이 되지 못한다. 커프는 잠그지 않고 구두끈도 매지 않는다. 가끔 혼자서 이 일을 해낼 때도 있지만 대개는 시간이 너무 오래 걸린다. 그래서 빌은 이 사실을 인정하고 시내 호텔에서 근무하는 친구들에게 도움을 청했다.

예전에는 빌이 혼자서 할 수 있는 데까지 옷을 차려입고 나면 어머니가 구두끈을 묶어주고 커프를 채워주고 넥타이 핀을 꽂아주셨다. 어머니가 따뜻한 아침식사를 만들어주고 점심 도시락도 싸주셨다. 그 덕분에 빌은 서류를 정리하거나 신문을 읽을 여유가 있었다. 어머니가 알츠하이머에 걸리기 전까지 빌과 어머니는 몇 십 년 동안 이런 일상을 반복했다. 혼자서 헤쳐 나가야 할 앞날이 두려워 눈앞이 캄캄했지만 빌은 의사의 조언에 따라 어머니를 요양시설에 맡겼다. 그때부터 빌은 다른 사람들의 도움에 의지하기 시작했다. 요리에 문외한인 빌은 차가운 시리얼과 토스트로 아침을 때우는 데 익숙해졌다. 점심 도시락은 이웃에게 돈을 지불하고 부탁했다.

아이린은 집안 살림에 관한 한 완벽주의자였다. 어머니가 안 계셨지만 빌은 어머니가 했던 방식 그대로 집안을 완벽하게 유지했다. 욕실수건은 깔끔하게 접어서 수건걸이에 걸었고 정원의 나무들은 주기적으로 손질했으며 잔디는 정교하게 다듬었다.

호텔 벨보이의 도움을 받아 커프스 단추를 채우고 구두끈과 넥타이를 매고 나면 포틀랜드의 부촌 가운데 하나인 웨스트 힐스로 가는 8시 30분 버스에 오른다. 빌은 왓킨스 프로덕츠의 다른 판매원들보다 월등한 실적을 거둠으로써 이 황금 구역을 차지했다.

이제 시간은 오전 9시, 빌은 잠에서 깬 지 네 시간이 지나서야 버스에서 내려 본격적으로 하루 일과를 시작한다. 집집마다 찾아가 문을 두드리고 초인종을 누르고 대답을 기다린다. 마당에 차가 주차되어 있지 않다고 해서 집안에 아무도 없을 거라고 생각하는 일은 없다. 빌은 한 집도 빠짐없이 문을 두드린다. 차는 수리 때문에 정비소에 맡겼을 수도 있다. 대개의 경우 아무런 대답도 들려오지 않지만 빌은 전혀 개의치 않고 계속 초인종을 누른다. 몸을 약간 앞으로 숙인 듯한 구부정한 자세로 왼손에는 서류가방을 들고 오른손은 주먹을 쥔 채 등 뒤로 갖다놓는다. 비가 오는 날이나 맑은 날이나 모자는 항상 반듯하게 그의 머리에서 자리를 지키고 있다. 빌은 안감이 분리되는 트렌치코트를 자주 입는데 날씨가 더운 봄과 여름에는 안감을 떼어내고 입는다.

문틈을 통해 빌을 엿보는 고객도 있다. 고객이 집안에 있는 것을 뻔히 아는데 문을 열어주지 않는다. 때로는 문을 열지도 않고 "관심 없습니다." "지난달에 자선단체에 기부해서 돈이 없어요." "필요 없어요." "꺼져 버려!" 등 다양한 반응을 목소리로만 접하게 된다. 수없이 거절당한 끝에 마침내 예의바르고 친절하게 빌을 집안으로 들이는 고객을 만난다.

빌은 아무리 거절당해도 전혀 신경 쓰지 않는다. 거절당했던 모든 기억은 물건을 주문한 고객 한 사람 덕분에 봄햇살에 눈 녹듯 사라진다. 자기최면을 걸듯이 빌은 마음속으로 끊임없이 '다음 고객은 분명히 살 거야'라는 말을 반복한다. 빌은 결국 모든 고객이 사게 될 것이라고 굳게 믿는다. 그때까지 참고 기다려야 한다.

이런 빌의 인생에도 몇 차례 위기가 있었다. 아주 오래 전 적자가 누적되자 모기지 대출회사의 유혹에 빠지게 되었다. 빌은 감당하기 어려운 고금리 차환대출을 받기로 했고 그로써 집을 잃을 뻔했다. 주택담보대출금을 상환하느라 의료보험을 해약해야 했다. 보험을 해약하고 나서 얼마 지나지 않아 빌은 허리수술을 크게 받게 되었다. 매달 갚아야 하는 엄청난 대출금에다 수술비까지 겹쳐 빌은 파산 직전까지 갔다. 〈20/20〉가 방송되고 판매실적이 늘면서 최근 들어서야 겨우 대출금을 일부 상환하고 병원비를 제때 지불할 수 있게 되었다.

한번은 빌이 집을 수리하려고 견적서를 청구했는데 견적 비용이 과다하게 부풀려져 있었다. 수리업체는 지하실에 창문 두 개를 설치해주는 데 2,000달러나 청구했던 것이다. 다행히 내가 빌 책상에 놓여 있던 견적서를 보았고 빌에게 의문을 제기했다.

"견적서를 두 개 이상 받으셨어요?" 내가 물었다.

"아니, 정직한 사람들 같았거든." 빌이 대답했다.

나는 빌을 보면서 세일즈맨이 가장 속이기 쉬운 고객이

라는 말을 믿게 되었다. 나는 수리업체에 전화를 걸어 사장에게 직접 따졌고 그는 견적서에 오류가 있음을 인정했다. 수리비는 처음 견적보다 훨씬 낮은 800달러로 내려갔다. 그 사건 이후 나는 가급적 빌이 대금을 지불하기 전에 빌의 책상에 놓인 청구서들을 꼼꼼히 살펴보려고 노력한다. 빌은 천성적으로 다른 사람을 의심하는 것이 불가능한 사람이기 때문이다. 빌은 고객에게 언제나 진실만 말한다. 배송은 언제 가능한지, 총비용은 얼마인지, 품질보증 및 애프터서비스는 어떻게 되는지에 대해 한마디 과장이나 거짓 없이 있는 그대로 이야기한다.

빌은 자신이 절대 거짓말을 하지 않기 때문에 다른 사람도 똑같이 정직할 거라고 생각한다. 빌과 내가 동기부여 강사로 처음 일을 시작했을 때 우리는 너무 순진했다. 강연을 시작한 지 얼마 되지 않았을 때 동부에 있는 어느 기업에서 강연을 요청받았다. 그들은 우리가 회의 장소까지 오는 수고를 덜어주겠다며 최고의 촬영팀을 포틀랜드로 보내 우리를 인터뷰하겠다고 제안했다. 우리가 회의 장소까지 갈 경우 그쪽에서 부담해야 하는 비행기 티켓과 호텔 숙박비를 아끼려는 속셈이었다. 비디오 영상은 실제로 사람들을 앞에 놓고 하는 강연에 비해 전달력이 떨어진다는 것을 알고 있었지만 어떻게 설득해야 할지 몰랐다.

어느새 촬영팀이 빌의 집에 들이닥쳤고 그들은 강연료에 대해서는 일언반구도 없이 인터뷰를 진행하고 비디오 촬영을 끝냈다. 강연 비디오는 그 회사의 연례 워크숍에서 상영되었고 참석한 직원들의 사기진작에 효과적으로 이용되었다. 나는 사례금이나 아니면 최소한 감사편지라도 보내겠지 기대하면서 우편함을 계속 확인했지만 아무 소식이 없었다. 하필이면 그 회사 이름을 적어 놓지 않아서 그들의 만행을 제대로 따지지도 못했다.

나는 그 후 몇 달 동안 화를 가라앉힐 수 없었다. 기업이 우리처럼 순진한 사람들을 상대로 사기를 쳤다는 사실에 분노가 계속 치밀었다. 실제 강연이든 비디오를 통한 영상 강연이든 기업의 세미나나 워크숍에서 강연해주었다면 강사에게 강연료를 지불해야 한다는 사실을 그들이 모를 리 없었다. 나는 이 명백한 악행에 너무나 화가 났다. 실제로 나의 분노와 불신 때문에 빌과 내가 새로 시작한 강연 사업에도 차질이 있었다.

반면 빌은 모든 것에 초연했다. 빌에게는 왓킨스 제품을 판매하는 일이 더 중요했다. 결국 나도 빌의 모습을 본받아 기업들이 대부분 정직하며 우리가 투자한 시간과 노력에 공정한 대가를 지불할 것이라는 믿음을 갖게 되었다. 우리는 강사들을 대리해주는 에이전시를 믿고 일을 맡기기로 했다. 강연료를 비롯한 세부적인 일은 에이전시가 전문적으로 처리한다. 나도 새로운 방식을 배우고 과거에서 교훈을 얻되 과거는 과거로 남겨두고 현재와 미래를 지향하며 살 수 있다는 것을 깨달았다.

나는 빌이 삶을 대하는 방식을 내 삶에 적용하려고 노력한다. 나는 어린 시절에 대한 좋지 않은 기억이 있다. 어린 시절 의붓아버지는 나를 학대했고 나는 완벽하지 못했던 내 어린 시절에 대해 때때로 한탄했다. 나의 형제자매 중에는 지금까지도 불우한 성장과정의 후유증으로 고생하는 이들이 있다. 나는 빌을 본보기로 삼아 과거를 인정하고 앞으로 나아가려고 노력한다.

가끔 내가 평정심을 잃고 화를 낼 때면 의붓아버지가 아무 이유 없이 날벼락처럼 화를 내곤해서 괴로웠던 어린 시절 기억이 생생하게 되살아난다. 내 남편과 아이들을 그런 분노의 희생양으로 만들 수는 없다. 내 인생에도 좋은 일이 많았다. 폭군 같았던 의붓아버지도 변했다. 우리 가족은 하와이로 이사를 갔고 교회에 나가기 시작했으며 세 아이를 입양했다. 결국 우리는 오리건으로 다시 돌아왔고 거기서 나는 빌을 만났고 남편을 만나 결혼했고 여섯 명의 보석 같은 아이들이 태어났다. 남부러울 것 없는 인생이다.

설령 과거로 돌아가서 내 인생을 바꿀 수 있다 해도 나는 그러지 않을 것이다. 좋든 싫든 내 인생에서 일어난 모든 일로 오늘의 내가 존재하기 때문이다.

가끔 힘든 날도 있다. 그럴 때면 과거의 행동패턴으로 회귀하는 내 모습을 발견한다. 인내심을 잃고 목소리를 높이거나 다른 사람을 돕기를 꺼린다. 그럴 때면 나의 부적절한 행동에 대해 스스로 변명한다. 몸이 피곤하다거나 오늘 하루가 너무 힘들었다거나 집안이 엉망이라든가 하는 핑계거리를 찾는다. 그러나 최근에는 달라졌다. 잠시 멈추고 이렇게 말하며 나 자신을 다독거릴 수 있게 되었다. "여기까지 어떻게 왔는지 또는 지금 현재 내가 어떤 위치에 서 있는지는 중요하지 않아. 중요한 것은 오직 내가 지금 어디를 향해 가고 있느냐는 것뿐이지." 나는 목소리를 낮추고 도움이 필요한 어린이와 친구들을 돕는 법을 배워가고 있다.

지옥 문턱이 1미터 앞에 있어도 마음이 천국을 향하고 있다면 천국을 10킬로미터 남겨놓고 마음이 지옥을 향해 달려가고 있는 사람보다 행복하다고 누군가 말했다. 인생에서 멈춤이란 없다. 앞으로든 뒤로든 계속 나아가야 한다. 지난 60년 동안 힘든 시간을 보낸 내 친구 빌을 생각해본다. 빌은 아픈 등이 나을 것이고 편두통이 사라질 것이고 여유로운 삶을 살게 될 것이라고 믿는다. 항상 그가 믿는 대로 이루어졌고 앞으로도 그럴 것이다.

# 3장 선택

Door to Door

"무조건 적인 사랑은
사랑을 베푸는 자와 받는 자 모두에게
위대한 힘을 발휘합니다."

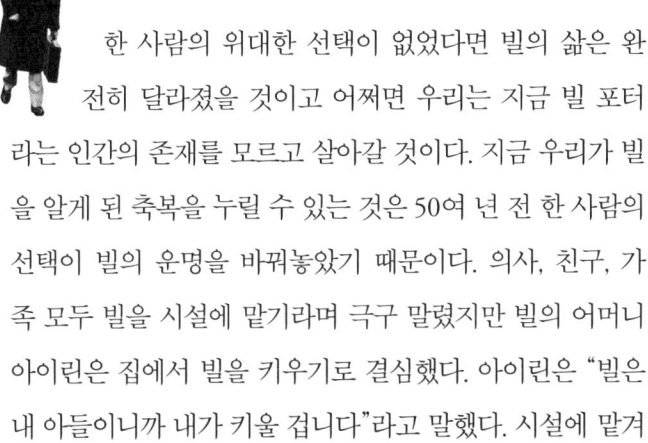
　　한 사람의 위대한 선택이 없었다면 빌의 삶은 완전히 달라졌을 것이고 어쩌면 우리는 지금 빌 포터라는 인간의 존재를 모르고 살아갈 것이다. 지금 우리가 빌을 알게 된 축복을 누릴 수 있는 것은 50여 년 전 한 사람의 선택이 빌의 운명을 바꿔놓았기 때문이다. 의사, 친구, 가족 모두 빌을 시설에 맡기라며 극구 말렸지만 빌의 어머니 아이린은 집에서 빌을 키우기로 결심했다. 아이린은 "빌은 내 아들이니까 내가 키울 겁니다"라고 말했다. 시설에 맡겨진 사람들은 결코 나아지지 않는다는 사실을 알았기 때문에 아이린은 자기 아이가 그런 곳에서 방치된 채 외롭고 비참하게 살도록 내버려둘 수 없었다. 그리고 기쁠 때나 슬플 때나 건강할 때나 아플 때나 가난할 때나 부유할 때나 그녀 스스로 택한 맹세를 지켰다.

우리가 감탄해 마지않는 빌의 인격과 성품은 바로 어머니 아이린에게서 물려받은 것이다. 1930년대에 뇌성마비 자녀를 양육하기에는 상상을 초월하는 고난이 따랐을 것이다. 오늘날에는 최첨단 휠체어는 물론이고 수족처럼 사용할 수 있는 훌륭한 의수나 의족도 얼마든지 구할 수 있으며 효과가 뛰어난 약도 개발되어 있다. 장애인이 사회의 일원으로 당당하게 자리매김할 수 있도록 도와주는 다양한 협회의 활동 덕분에 장애인 차별과 장애인의 물리적 접근권 제한은 불법으로 규정되어 있다. 빌이 장애아로 태어난 1930년대와 달리 오늘날에는 지체장애자나 신체장애자들과 접촉하거나 교류하는 것이 보편적이고 자연스럽게 받아들여진다.

빌이 어렸을 때는 의학기술이나 사회적 인식 면에서 상황이 매우 열악했다. 장애인이 아파트나 학교에서는 물론이고 상점이나 고용된 사업장에서 활동하기가 매우 어려웠다. 게다가 장애인에 대한 사회적 편견은 장애인 본인은 물론 가족에게도 큰 상처를 주었다. '남다른' 자녀를 집에서 기르는 경우 대부분 아이가 사람들 눈에 띄지 않게 숨겼다. 따라서 교육이나 재활교육을 제대로 받지 못했다.

그러나 아이린은 장애인에 대한 사회적 통념을 정면으로 거부했다. 그녀는 장애인에 대한 보편적 인식에 맞서 싸웠다. 빌이 뇌성마비를 앓고 있다는 이유로 모자라는 사람으로 취급하는 이들에게는 여지없이 아이린의 철퇴가 가해졌다. 아이린의 지독스러운 끈기와 고집은 친구, 가족, 학교 관계자들 사이에 지금도 전설처럼 회자된다.

다른 장애아들과 마찬가지로 빌은 장애인을 위한 특수학교를 졸업해야 공립학교에 입학할 수 있었다. 아이린은 이 차별 규정에 적극적으로 맞서 싸웠다. 빌이 공립학교에 입학하지 못할 이유가 없다고 판단했기 때문이다. 안타깝게도 법원은 학교 쪽의 손을 들어주었고 빌은 어쩔 수 없이 그라우트장애인학교를 졸업하고 나서야 포틀랜드 소재 링컨고등학교에 진학할 수 있었다. 빌이 열여섯 살이 되자 아이린은 즉시 빌을 이 학교에 입학시켰다. 그라우트장애인학교에서 빌은 훌륭한 교육을 받았지만 아이린은 빌이 좋은 직장을 구하려면 공립학교 졸업장이 필요하다고 판단했다.

아이린의 끈질긴 노력 덕분에 그로부터 4년 뒤 빌은 졸업가운을 입고 사각모를 쓰고는 고등학교를 졸업했다. 모범생이던 빌은 다른 장애학생들이 공립학교에 입학할 수 있도록 새로운 길을 닦아주었다. 아이린은 인내와 끈기만 있다면 뭐든지 해낼 수 있음을 알고 있었던 것이다. 그녀는 종이에 '끈기'라는 단어를 써서 빌의 옷 주머니나 도시락 가방에 몰래 숨겨두곤 했다. 빌이 나중에 그 쪽지를 보고 새롭게 힘을 얻도록 돕기 위한 엄마의 배려였다.

고교시절 빌은 연장전 끝에 우승컵을 차지한 고교 축구팀의 코치와 인터뷰하려고 시도한 적이 있다. 그러나 유명 선수들과 응원단 때문에 자꾸 밀려나자 빌은 급기야 포기하고 일대일 인터뷰 없이 기사를 쓰기로 마음먹었다. 그런데 빌이 기자수첩을 열자 "포기하지 않는 자에게 복이 있을 지어다"라는 문구가 보였다. 이 일화를 이야기하면서 빌은 크게 웃었다. 아이린의 전략은 진부했지만 빌에게 용기를 주었고 결국 빌이 그 코치와 훌륭하게 진행한 인터뷰 기사는 학교신문에 특집기사로 실렸다.

빌이 어머니에게서 배운 또 다른 덕목은 깔끔함이다. 고객들은 세일즈에 나설 때 깔끔하고 말쑥하게 차려입는 빌의 모습을 보고 놀라곤 한다. 고객들은 대부분 이제 빌의 친구가 되었지만 빌은 여전히 말쑥하게 정장을 차려입는다. 옷차림이 깔끔하지 않으면 세일즈에 부정적인 영향을 준다는 생각에 빌은 항상 옷차림에 신경 쓴다. 옷차림에 대한 이러한 철저한 생각은 어머니에게서 물려받았다. 살림이 넉넉지 않은데도 아이린은 옷차림에 관한 한 철저했다. 아이린은 블라우스와 스커트를 항상 깨끗하게 세탁한 뒤 다림질해서 입었으며 패션 감각 또한 예사롭지 않았다.

빌이 깔끔하게 차려입는 데 시간이 아무리 오래 걸려도 그녀는 자신과 같은 잣대를 아들에게 들이댔다. 구두끈을 매려고 몇 년 동안 연습에 연습을 거듭했지만 빌의 손가락은 자꾸만 꼬였다. 빌이 아무리 최선을 다해 구두끈을 매도 몇 분 안 되어 다시 풀어지곤 했다. 그러나 빌은 반드시 최선을 다하고 나서 비로소 어머니에게 도움을 청했다. 그때서야 어머니는 무릎을 꿇고 아들의 구두끈을 단단히 조여주었다. 아이린은 마지막으로 빌의 옷깃을 세워주고 커프스단추를 채워주는 일은 기꺼이 해주었지만 그 밖의 모든 것은 전적으로 아들 몫으로 남겨두었다. 빌은 그렇게 매일 반복된 일상을 빠짐없이 기억했다.

"어렸을 때부터 나는 아침에 일찍 일어나야 했지. 아버지보다 일찍 일어났어. 해가 뜨기도 전에 말이야. 옷을 제대로 차려 입으려면 시간이 많이 걸렸으니까. 고요한 새벽 정적 속에서 나는 혼자 안간힘을 썼어. 어머니는 아침밥을 짓고 점심 도시락을 준비하느라 바쁘셨거든. 다른 아이들처럼 나는 혼자서 침대는 물론 주변을 깨끗하게 정리하고 옷을 입었어."

아이린은 알뜰해서 돈을 적게 들이고도 자신과 가족을 말끔하게 차려입힐 수 있었다. 언젠가 나는 빌의 빨래 건조기에서 똑같이 가는 세로줄무늬가 있는 셔츠 여섯 벌을 꺼낸 적이 있다.

"여러 벌 살 거면 색깔이 약간씩 다른 걸로 고르지 왜 똑같은 셔츠를 샀어요? 베이지색이나 노란색을 섞어서 말이에요." 내가 물었다.

"내가 산 게 아니라 어머니께서 사셨거든. 백화점에서 세일할 때 샀는데 괜찮지? 절대로 단추가 떨어지거나 실밥이 뜯어지는 일이 없다니까." 빌이 대답했다.

나는 셔츠의 품질이 괜찮다는 점에 동의하고는 그 셔츠에 대해 더 언급하지 않았다. 아이린은 할인쿠폰을 모으고 세일기간을 활용함으로써 빌과 가족이 실제 수입에 비해 윤택하게 살 수 있도록 하였다. 제대로 차려입으면 사람들이 고개를 돌려 쳐다볼 만큼 아이린은 매력적인 여인이었다.

아이린이 얼마나 꼼꼼하고 세심한지는 집을 보면 금세 알 수 있다. 빌은 마당 청소를 담당했는데 신체장애가 있는 어린아이에게는 버거운 일이었다. 한번은 빌에게 어머니가 화를 낸 적이 있냐고 물었다.

"물론 화도 내셨지. 다른 엄마들도 아이들 키우면서 종종 화를 내잖아, 그렇지?" 빌이 대답했다.

나도 때때로 아이들한테 짜증을 내기 때문에 빌의 어머니가 완벽하지 않았다는 사실은 내게 큰 위안이 되었다. 세월이 흘러 아이들이 자랐을 때 내가 때때로 인내심을 잃고 짜증냈던 기억이 아이들 머릿속에서 희미해지길 바랄 뿐이다. 그렇지만 크게 기대하지는 않는다.

나는 이야기를 더 듣고 싶어 물었다. "구체적으로 생각나는 일이 있어요?"

빌은 특별히 생각나는 일이 있다며 다음과 같이 들려주었다.

"따뜻한 여름날이었어. 어머니는 내게 잔디를 깎고 화단의 잡초를 뽑은 뒤 마당을 청소하고 정원의 나무를 다듬으라고 하셨지. 점심식사를 마친 뒤 어머니는 내가 일을 얼마나 했는지 확인하고는 실망하셨어. 점심을 먹기 전까지 완전히 끝내지는 못하더라도 일을 거의 다 마쳤으리라 기대하셨거든. 그렇지만 나는 거의 아무것도 하지 않았기 때문에 어머니는 몹시 화가 나셨지. 어머니는 낮잠을 잘 테니까 당신이 일어날 때까지 일을 다 마치라고 말씀하셨어. 하지만 나는 일을 다 마치지 못했고 어머니는 버럭 소리를 지르면서 내게 한바탕 쏟아 부으셨지. 어머니는 내가 행동이 느린데다 지나친 완벽주의자라고 화내시면서 며칠이 걸리더라도 그 일을 반드시 끝내라고 말씀하셨어."

지금도 빌은 그때 최선을 다했다고 주장하지만 빌이 완벽주의자이기 때문에 일을 더디게 한다는 어머니의 판단은 정확했다. 그야말로 모전자전인 셈이다.

빌은 가장 존경하는 인물로 어머니를 꼽는다. 빌의 아버지는 세일즈맨이었기 때문에 빌과 함께할 수 있는 시간이 적었다. 따라서 빌의 인생에서 아버지의 영향력은 비교적 작은 편이었다. 빌은 매일 어머니를 생각한다. 고통스럽고 힘든 날에는 빌은 자신을 대견하게 생각하실 어머니 모습을 떠올린다. 자신을 무조건적으로 사랑해주신 어머니를 생각하며 포기하지 않고 견딘다.

아이린은 자신과 남편이 세상을 떠나고 나면 혼자 남겨질 아들이 가장 큰 걱정거리였다. 그래서 빌이 남의 도움을 받지 않고 혼자서 생활하는 법을 배우게 했다. 아이린은 아들이 독립적으로 살아가기를 간절히 원했고 이를 위해 때로 아들을 보호하고 싶은 뜨거운 모성애를 힘겹게 억눌러야 했다. 그 시절 여느 가정과 마찬가지로 포터 가족은 근면과 끈기가 성공의 열쇠라고 믿었다. 빌 역시 이러한 신념을 물려받았고 이 신념은 빌의 인생을 통해 결실을 맺었다.

아이린이 어떤 마음으로 어떻게 빌을 키웠을지는 상상에 맡길 수밖에 없다. 처음 한 아이의 엄마가 되었을 때 품에 안긴 기적과 같은 어린 생명을 보면서 경이로웠지만 한편으로는 겁이 났다. 엄마가 된다는 낯선 책임감에 대해 대학에서는 아무것도 배우지 않았다. 언젠가는 아이들을 품에서 떠나보내야 한다는 사실을 알기에 오직 아이를 바르게 양육하고 무조건적인 사랑인 주고 싶을 뿐이었다.

나는 아이를 여섯 명이나 낳아서 키우지만 아직도 매일매일 감정의 기복이 심하고 아이들에게 실망한다. 그렇지만 양육의 기쁨 또한 날마다 새롭고 경이롭게 느낀다. 아이들이 성숙한 인격체로 성장해 각자 자기 진로를 찾아가고 궁극적으로는 사회의 생산적인 일원이 되는 것이 내 꿈이다. 아이들이 티격태격 싸우고 말썽을 부릴 때면 이 녀석들이 어서 컸으면 하다가도 언제 이렇게 시간이 흘러서 아이들이 훌쩍 커버렸나 싶은 생각이 들 때도 있다. 품에 안겨 있던 게 엊그제 같은데 아들은 어느새 열다섯 살이 되어 운전면허증을 받았다. 그리고 차를 후진하여 차고에서 빼낸 다음 차고 문은 열어둔 채 그대로 달아난다.

나는 되도록 아이를 기르는 과정을 즐기려고 노력한다. 내가 아버지 차를 몰고 후진하다가 울타리를 들이받았을 때 어머니가 너그럽게 용서하고 바라봐주었던 때가 엊그제 같기 때문이다.

내가 아이린에게서 배운 가장 큰 교훈이자 매일 마음에 되새기는 것은 무조건적인 사랑이 실제로 존재한다는 사실이다. 무조건적인 사랑은 사랑을 베푸는 자와 받는 자 모두에게 위대한 힘을 발휘한다. 이것은 가장 순수한 사랑이며 국경, 종교, 외모를 초월한다. 이 사랑은 성과, 점수, 신체 능력에 따라 달라지지 않는다.

아이린은 빌에게 이 무조건적인 사랑을 끝없이 퍼부었고 이 절대적인 사랑의 힘으로 빌은 수많은 인생의 고비를 견뎌낼 수 있었다. 빌은 어머니의 무조건적이고 절대적인 사랑을 한순간도 잊지 않았다. 어머니의 위대한 사랑이 늘 함께했기에 빌은 정상적인 육신에 강력한 의지력을 지닌 사람도 무릎을 꿇게 만들기에 충분한 온갖 편견과 난관을 극복할 수 있었다.

최근 딸을 고등학교에 차로 데려다주는 길에 절대적인 사랑의 힘을 경험했다. 아이들은 대개 조금 크면 엄마가 따라다니는 걸 창피하게 여긴다. 우리 딸 역시 늘 학교 정문에서 두 블록 떨어진 골목길에 내려달라고 애걸하곤 했다. 어느 날 아침 나는 도저히 참을 수 없었다. 그래서 딸이 차에서 내리려고 할 때 이렇게 말했다.

"잠깐만, 이건 아닌 것 같다. 우리가 도대체 왜 숨어 다녀야 하지?"

"엄마, 몰라서 그래요?" 딸은 귀찮다는 듯이 대답했다.

"아니, 알아. 엄마는 널 사랑하기 때문에 너를 안전하게 학교 문 앞까지 데려다주고 싶어. 그런데 그게 어째서 부끄럽다는 거지?" 나는 딸의 대답에 반박했다.

딸은 잠시 말을 멈추고는 답답하다는 듯이 눈을 위아래로 굴리더니 한숨을 내쉬며 말했다.

"저도 엄마를 사랑해요. 다음부터는 학교 정문 앞에 내려주세요."

그 말을 남기고 딸은 차에서 내려 학교로 걸어갔다. 딸을 처음 품에 안았을 때 느꼈던 감동이 생각나면서 가슴이 벅차올랐고 결국 눈물을 흘렸다. 내가 항상 곁에 있어줄 것이며 언제나 무조건적으로 사랑할 거라는 사실을 아이들이 알았으면 좋겠다. 아름다운 모범을 보여준 아이린에게 감사한다.

# 4장 세일즈맨 빌 포터입니다

Door to Door

"끈기 있는 자만이 성공한다는 건
틀리지 않습니다."

 감격 속에서 링컨고등학교 졸업식이 끝나고 며칠 뒤 빌의 아버지는 빌의 뇌리에 평생 새겨질 말을 내뱉었다. 그것은 '직업을 구하라'는 것이었다. 빌의 아버지는 빌이 안주하기를 원치 않았다. 뇌성마비라는 심각한 장애가 있는 빌에게는 사각모에 졸업가운을 차려입고 졸업장을 받는 것만으로도 감격스러운 일이지만 아버지는 빌이 진짜 세상에 뛰어들어 제몫을 다하고 수익도 창출하는 당당한 사회 구성원이 되기를 원했다. 지금도 빌이 '직업을 구하라'는 아버지의 강력한 메시지를 되풀이할 때마다 나는 이 말이 빌의 인생에 얼마나 큰 영향을 미쳤는지 느낄 수 있다.

장애가 있는 아들에게 아버지가 너무 엄격하고 냉정하게 한 것이 아닌가 싶어 내 모성본능에 비춰볼 때 너무한다는 생각이 들기도 하지만 또 한편으로는 부모로서 빌의 아버지 역시 아들을 위해 최선의 방법을 선택했으리라는 믿음이 있다. 아이들이 품을 떠나 자신의 길을 찾아나서야 할 때 나 또한 욕심과 감정에 치우치지 않고 자식의 미래를 위해 최선의 결정을 할 수 있기를 바랄 뿐이다.

빌은 아버지의 말씀을 가슴에 새겼다. 그러나 뇌성마비 장애인인 빌에게 직업선택의 폭은 지극히 좁았다. 처음에는 이웃집 정원관리가 빌에게 가장 적합한 일자리 같았다. 차를 운전할 필요가 없었고 빌도 정원 가꾸기를 좋아했기 때문이다. 그래서 빌은 일자리를 구하기 위해 이웃집 문을 두드리기 시작했고 한 달도 안 되어 몇 집의 정원을 관리하게 되었다. 정원수에 물을 주고, 잔디를 깎고, 잡초를 뽑아준 대가로 빌이 일주일에 손에 쥐는 돈은 4달러였다. 4달러면 당시로서는 적절한 보수라고 생각했다.

그러나 빌의 아버지는 그 일이 빌에게 맞지 않는다고 생각했다. 정원에 물을 주는 것은 고등학교를 마친 빌에게 맞는 일이 아니었다. 그 일은 성취감이 없었고 도전적이지도 않았다. 잔디 깎는 일은 누구나 할 수 있는 일이었다. 빌 역시 아버지와 같이 생각했다. 빌은 사람들과 만나는 일을 하고 싶어 했고 보수도 더 많이 받고 싶어 했다. 게다가 잔디를 깎고, 낙엽을 긁어모으고, 마당을 쓰는 일은 신체적으로 제약이 있는 빌에게 적당하지 않았다. 하루 일과가 끝나면 온몸이 쑤셨다. 근육은 수축하고 등은 더 굽었다.

빌은 자신에게 더 잘 맞는 직업이 있을 거라고 믿었다. 아버지와 빌 자신이 모두 만족할 수 있는 그런 일이 반드시 있을 거라고 믿었다. 평생 부모님과 함께 집에 틀어박혀 살 거라면 주급 4달러로 그럭저럭 버틸 수 있다. 그러나 빌은 생활비를 벌어야 했을 뿐 아니라 부모님이 나이가 들면 돌봐드려야 했다.

빌의 어머니는 빌에게 뇌성마비연합 소속 세일즈맨으로 일하는 것이 어떻겠냐고 제안했다. 아이린은 언젠가는 뇌성마비 치료제가 개발되기를 기도하는 마음으로 평생 동안 비영리단체인 뇌성마비연합에서 자원봉사를 했다. 당시 뇌성마비연합에서는 뇌성마비를 앓는 장애인들이 다양한 가정용품을 판매하고 커미션을 약간 받을 수 있게 하려고 기금을 마련했다. 아이린은 협회가 기금 마련 활동을 성공적으로 마쳤으며 그것이 빌에게 좋은 기회라는 사실을 알고 있었다.

어머니의 제안에 빌은 뛸 듯이 기뻐했다. 얼마 지나지 않아 빌은 비록 느릿느릿 걸었지만 쉬지 않고 집집마다 문을 두드리며 온 동네를 돌아다녔고 거리나 공원에 있는 사람들에게도 판매를 시도했다. 푼돈이지만 꾸준히 수입을 올린 것을 보면 고객들은 아마도 빌이 보여준 상품은 물론 빌의 인생에 대한 열정을 높이 산 것 같다. 빌은 정원수에 물 주는 일은 계속했지만 잔디 깎는 일은 되도록 하지 않았다. 다리와 등은 세일즈를 위해 아껴야 했기 때문이다. 몇 달 후 빌은 뇌성마비연합 지국의 판매왕 자리에 올랐다. 마침내 사회의 유익한 일원이 된 듯했다. 아버지도 더는 '직업을 구하라'는 말을 하지 않은 걸로 봐서 빌과 같은 생각을 했음이 틀림없다.

세일즈를 시작하고 2년 동안은 수입이 좋았지만 이후 수입이 점차 줄었다. 그가 판매하는 가정용품들에는 한계가 있었다. 실제로 빌의 단골들조차 바구니나 냄비 받침 같은 물건들은 이제 필요 없다고 털어놓았다. 장기적으로 재구매를 유발하는 소모성 제품이 필요했다. 빌은 세일즈의 관건이자 최대 난제는 자신에게 호감을 갖고 신뢰해주는 고객집단을 만들어내는 일임을 깨달았다.

'기껏 고객들과 좋은 관계를 만들어놨는데 고객들에게 일상적으로 필요한 물건을 팔 수 없다면 무슨 소용이란 말인가!' 빌은 생각했다.

빌은 자신이 천부적인 세일즈맨이라고 확신했다. 그런 빌에게 가장 필요한 것은 제대로 된 상품이었다. 빌은 판매하기에 적절한 상품이 무엇일까 고민했다.

"어느 날 어머니가 우편으로 발송돼온 주문용 상품 카탈로그를 뒤적이는 모습을 보는 순간 기발한 아이디어가 뇌리를 스쳐갔어. 그 카탈로그에 실린 상품은 언뜻 보아도 100개는 족히 넘었어. 어떻게 하면 그 카탈로그에 실린 모든 물건을 팔아서 돈을 벌 수 있을까 고민했지. 방법은 아주 간단했어. 카탈로그에서 사진을 오려내 두꺼운 판지에 붙이고 나서 가격을 올려서 써넣어 나만의 카탈로그를 만든 거야."

빌은 며칠 동안 시간 가는 줄 모르고 오리고 붙이면서 상품마다 이름과 새로운 가격을 써넣었고 드디어 든든한 세일즈 지원군이 될 자신만의 카탈로그를 완성했다. 언어장애 때문에 고객들과 소통하는 데 문제가 있다면 사진이 첨부된 상품 카탈로그가 빌을 대신해서 고객에게 상품에 대해 충분히 설명해줄 것이다. 빌은 단골고객은 물론 반경 3킬로미터 이내에 있는 모든 가구를 방문하겠다는 계획을 세웠다. 빌은 판매실적이 껑충 뛸 거라는 기대에 부풀었다.

빌의 전략은 적중했고 수입은 전보다 늘었다. 1950년대는 빌 가족에게 황금기였다. 빌 가족은 램지네온간판회사 판매 대리인이던 아버지의 월급으로 윤택하게 생활했다. 빌 역시 세일즈맨으로서 나름대로 커리어를 쌓기 시작했고 어머니 아이린은 집안일, 교회일에 뇌성마비연합에서 자원봉사활동을 하느라 바쁘게 보냈다.

그러나 1960년대에 들어서면서 빌 가족의 삶에 변화가 찾아왔다. 빌의 아버지 어니스트는 의사로부터 콜레스테롤 수치가 높으니 음식을 조절해야 한다는 경고를 받았다. 의사의 경고는 빌에게 자신이 장차 가족의 생계를 책임져야 할지도 모른다는 책임감을 가중시켰다. 부모를 부양하는 데 따른 재정 부담이 빌의 어깨를 짓누르기 시작했다. 빌은 다른 일자리를 찾아야 했다.

어니스트는 겉으로는 건강해 보였고 하루도 쉬지 않고 일했다. 그러나 아이린은 무척 불안해했다. 어니스트는 의사의 충고를 무시하고 잘못된 식습관을 바꾸지 않았다. 빌은 조만간 자신이 벌어오는 변변치 않은 수입에 온가족이 의지해야 한다는 사실을 알고 있었다. 그러나 빌의 월급 65달러로는 식비를 충당하기에도 부족했다. 일과 중 짬이 날 때마다 빌은 더 나은 일자리를 찾아보았다. 빌은 오리건 주 고용지원센터에 매일 찾아갔다.

매일 아침 하루 여덟 시간의 세일즈 일과가 시작되기 전 빌은 버스를 타고 시내로 나가 고용지원 상담사를 만났다. 매일 같은 길을 걸어서 실업자들이 수십 명씩 늘어선 줄에 서서 기다리는 일을 몇 개월 반복했다. 빌은 그때가 인생에서 가장 비참하고 수치스러웠다고 회고했다.

처음에는 고용지원 담당자들도 빌을 도와주려고 진지하게 노력했다. 빌은 성실했고 외모도 말끔했다. 대형 약국에 재고담당 자리가 생겼을 때 그들은 빌을 추천했다. 그러나 뇌성마비 때문에 손이 자꾸 말썽을 부렸다. 병들이 빼곡하게 늘어선 선반에 손을 댈 때마다 물건을 넘어뜨리는 것이었다. 출근 첫날 하루도 다 채우지 못하고 쫓겨난 것이 서러웠을 텐데도 빌은 바로 다음 날 깨끗하게 닦아서 반짝이는 구두를 신고 고개를 빳빳하게 세우고는 고용지원센터를 다시 찾아갔다.

며칠 뒤 빌의 끈질긴 노력이 드디어 결실을 맺었다. 빌에게 딱 맞는 일자리가 나타났다. 굿윌인더스트리즈라는 회사에서 포틀랜드 시내에 위치한 매장에서 근무할 계산원을 모집했다. 빌은 숫자에 밝았고 아주 정직했다. 그러나 안타깝게도 빌의 손가락은 곧게 펴지거나 의지대로 정확히 움직이지 않았고 금전출납기의 자판을 두드릴 때마다 자꾸만 엉뚱한 글자를 눌렀다. 매장관리인의 인내심은 곧 한계에 이르렀고 빌은 3일 출근한 뒤 또다시 실업자 신세가 되고 말았다.

그 뒤 빌은 구세군에서 화물적재업무를 하게 되었지만 빌이 트럭에 화물을 적재할 신체적 능력이 되지 않는다는 사실을 확인하는 데는 긴 시간이 필요하지 않았다. 빌을 돕고 싶었던 고용지원센터 직원들은 마침내 빌이 육체노동이 필요한 일자리에 적합하지 않다는 것을 깨달았다.

고용지원센터에서 빌에게 딱 맞는 일자리를 찾았다는 연

락이 왔다. 재향군인재활센터에서 전화 응대를 하는 일이었다. 언어장애가 있는 빌에게 전화 응대 업무를 맡긴다니 이해하기 어려웠지만 센터에서 추천한 일이니 일단 시도해보기로 했다. 어쨌든 그들은 이 분야의 전문가가 아닌가! 하지만 어눌하고 불분명한 말투 때문에 여러 차례 항의를 받고 나서 그 일도 그만두었다. 약국, 굿윌인더스트리즈, 구세군, 재향군인재활센터의 쓰라린 경험으로 '취업부적격자'라는 낙인이 찍힌 보고서 네 건만 고스란히 빌의 파일에 남겨졌다. 빌의 고용 전망은 결코 밝지 않았다. 취업전선에서 그의 신체장애는 너무 큰 장애물이었다.

주정부에서 운영하는 고용지원센터 직원들은 빌에게 정중하게 대했지만 그들이 전하는 소식은 날마다 똑같았다.

"미안해요, 빌. 오늘은 아무것도 없네요."

며칠이 지나고 몇 주가 지나고 몇 달이 지나도 빌은 포기하지 않았다. 빌의 장애가 문제되지 않는 일자리는 없었다. 그렇게 괴롭고 비참한 일상이 반복된 지 다섯 달이 지나자 한 직원이 다시 올 필요가 없다고 빌에게 정중히 말했다. 주에서 빌을 취업부적격자로 공식 인정한 셈이다. 주에서 빌에게 집에 얌전히 틀어박혀 그대로 늙어가라고 권고

한 것이다.

그 직원은 이렇게 덧붙였다. "본인의 역량에 비해 의욕이 넘치시네요." 물론 빌은 이 말을 칭찬으로 듣지 않았다. 빌의 부모가 그랬듯이 빌은 이 말을 그의 자존감에 대한 직접적 도전으로 간주했다. 그리고 그들이 틀렸음을 반드시 입증하고야 말겠다고 다짐했다.

빌은 고용지원센터에 가지 않았다. 그리고 자신의 취업 문제를 스스로 해결하기로 결심했다. 빌은 〈오레고니언〉에 실린 구인광고를 매일 꼼꼼히 살펴봤다. 그리고 구인광고 가운데 여섯 건을 추려서 전화를 걸었다. 그러나 대부분 대면 인터뷰는 고사하고 제대로 된 전화 인터뷰 기회조차 주지 않았다. 심지어 언어장애가 있음을 알고는 즉시 고용계획이 없다고 냉정하게 잘라 말하는 기업도 있었다. 전화를 받은 상대방이 갑자기 전화를 뚝 끊는 일도 자주 있었지만 빌은 전혀 아랑곳하지 않고 또다시 수화기를 들었다.

빌은 육체노동을 요구하는 일 외의 일자리에 꿋꿋하게 그리고 쉬지 않고 도전했다. 세일즈맨인 아버지의 피가 흐르는 빌 역시 세일즈에 관련된 일자리를 집중적으로 공략하기로 마음먹었다. 세일즈에는 자신이 있었다. 뇌성마비연합에서 세일즈를 해본 경험이 있는 빌은 자신에게 세일즈맨의 자질이 충분하다는 사실을 깨달았다. 그래서 먼저 풀러브러시의 문을 두드렸다. 그 회사의 지역 판매 책임자가 직접 찾아와 인터뷰를 하겠다고 했을 때 빌은 뜻밖의 제안에 놀라 몹시 흥분했다. 빌은 그때를 이렇게 회상한다.

"그 사람이 우리 집 거실에 들어왔어. 하지만 그는 몇 마디도 하지 않았는데 그 일이 내게 맞지 않는다고 했지. 그는 검은색 상품 보관용 가방을 들고 있었는데 내가 그 가방을 들고 다닐 수 없을 거라고 했어. 정말 그 가방을 들 수 있는지 시도해볼 기회조차 내게 주지 않았지. 나를 한 번 훑어보더니 할 수 없을 거라고 단정한 거야. 그 사람은 나를 원치 않았어. 그래서 내게 한 번도 기회를 주지 않았던 거야."

빌과 나는 전국을 돌아다니면서 강연할 때마다 이 이야기를 빠뜨리지 않고 들려준다. 강연이 끝나고 나면 나는 항상 빌을 쳐다보며, 이 순간이 올 때마다 빌의 눈은 늘 반짝인다. 나는 청중에게 이렇게 묻는다. "풀러브러시에서 빌에게 한 번도 강연 요청을 하지 않았다는 사실을 혹시 아시나요?" 이 말이 끝나면 빌은 치아를 드러내며 씩 웃는다. 빌이 킥킥 소리를 내며 웃기 시작하면 그 웃음이 모든 사람에게 전염되고 마침내 강연장 전체가 웃음바다가 된다.

만약 풀러브러시 대표나 빌을 거부했던 다른 회사 대표가 이 책을 읽는다면 너무 걱정할 필요 없다. 그것은 다 지나간 일이고 빌이 그런 홀대를 받던 시절에 비하면 오늘날 고용관행은 많이 개선되었기 때문이다. 과거에 빌을 거부한 기업들은 이제 빌 같은 인재가 있었으면 할 것이다. 그들이 빌의 강연을 원한다면 우리는 언제든 환영한다.

빌은 계속되는 실패에도 아랑곳하지 않고 세일즈맨을 원하는 다음 구인광고에 적극적으로 응했다. 그곳이 바로 왓킨스다. 이 회사도 빌을 직접 면접하겠다고 했다. 빌은 이번에는 안 된다는 말을 들어도 절대로 포기하지 않기로 마음먹었다. 왓킨스의 면접관은 빌을 채용하지 않겠다고 했지만 빌은 이에 정면으로 맞섰다.

"저는 이 일을 해낼 자신이 있습니다. 지난 10년 동안 세일즈를 훌륭하게 해왔고 제 몸에는 세일즈맨의 피가 흐르고 있습니다. 제 아버지는 훌륭한 세일즈맨이십니다. 어떤 물건을 팔든 고객들은 제게서 사기를 원하고 저와의 거래를 즐겁게 생각합니다." 빌은 면접관을 설득했다.

빌은 표현만 다를 뿐 또다시 부정적인 대답이 나올 거라고 예상했다. "전화하실 필요는 없습니다. 저희가 연락드리겠습니다" 또는 "이미 채용이 끝났습니다"와 같이 상투적인 문구가 면접관 입에서 나올 거라고 생각했다. 면접관은 곧바로 대답하지 않고 잠시 뜸을 들이더니 시험 삼아 빌에게 일자리를 주겠다고 제안했다. 포틀랜드에서 최악의 지역이면 어떠랴! 진짜 일자리를 얻은 것이다. 그 일자리는 장애인연금보다 훨씬 나은 수입을 가져다줄 것이다. 잔디 깎는 일에는 더더욱 비할 바가 아니었다.

면접이 끝나고 일주일 뒤 빌은 화려한 카탈로그로 가득 찬 서류가방을 들고 새로운 기회가 가득한 곳으로 부푼 기대를 안고 힘차게 첫걸음을 내디뎠다. 그러나 집집마다 문을 두드리고 돌아다니면서 그 감격은 금세 절망으로 바뀌었다. 그가 맡은 지역은 생각보다 심각했다. 현관문은 무너져 있고, 현관 계단에는 층계가 빠져 있으며, 부서진 계단의 난관은 못으로 겨우 고정해놓은 집들이 많았다. 집들은 대부분 페인트칠이 벗겨져 보기에 흉했고 마당은 지저분하고 나무와 풀이 무성했다. 왓킨스에서 그에게 기회를 준 이유를 알만 했다. 빌은 판매수당만 받기 때문에 회사로서는 잃을 것이 아무것도 없었다. 이 동네에서 물건을 하나라도 판 사람이 있을까 싶었다. 이런 곳에 우편물이 배달된다는 사실이 놀라울 정도였다. 돈을 벌기는커녕 낡은 현관에서 굴러 떨어지지나 않을까 걱정되었다. 장애인연금에 의존해 살고 싶지 않다는 일념으로 빌은 금방이라도 무너질 것 같은 현관 계단을 한 걸음씩 걸어 올라갔다.

거부와 거절이 거듭될수록 자신이 일할 능력이 있으며 훌륭한 세일즈맨이라는 것을 입증하고자 하는 빌의 의지는 더욱 강해졌다. 그는 부모님에게 자랑스러운 아들이 될 것이고 왓킨스는 자신을 고용한 것을 후회하지 않을 거라고 다짐했다. 빌은 자신이 훌륭한 세일즈맨으로 좋은 물건을 팔고 있다고 믿었지만 사람들은 여전히 구매를 거부했으며 그 이유가 그토록 다양할 수 있다는 사실에 놀랐다. 이사를 간다, 돈이 없다, 잡상인 사절 등 이유와 핑계는 끝이 없었다. 빌은 안 산다는 말을 들을 때마다 이제 몇 집만 더 두드리면 사겠다는 고객을 만날 수 있다는 신호로 받아들였다.

첫날 빌은 하나도 팔지 못하고 집으로 돌아왔다. 포기를 모르는 빌은 차분히 앉아서 자신이 판매하는 상품에 대해 공부했다. 상품에 대해 더 많이 알수록 진정한 믿음이 생겨 그 믿음을 고객과 공유할 수 있을 거라고 생각했다. 그렇게 되면 고객들도 물건을 살 것이라고 믿었다.

빌은 몇 시간 동안 카탈로그에 나와 있는 모든 상품과 가격을 외웠다. 세탁용 세제의 용량은 몇 종류인가? 계피가루는 가장 신선한 것인가? 대용량이 저렴하고 수익 면에서도 유리한가? 나에게 주어지는 판매보수는 얼마인가? 카탈로그를 면밀히 검토하고 여러 가지를 고민한 결과 자신이 판매하는 상품들에 대해 자부심을 가질 만하다고 판단했다. 그러나 "왓킨스는 모든 제품에 대해 품질을 보증하며 소비자가 만족하지 못할 경우 100퍼센트 환불을 보장합니다"라는 문구를 보자 빌은 판매의욕이 폭발적으로 솟구치는 것을 느꼈다. 이 문구는 빌에게 새로운 가능성을 열어주었다.

이것은 위대한 세일즈 전술이었다. 빌은 구매를 망설이는 고객에게 물건에 100퍼센트 만족하지 않으면 돈을 전부 환불해주겠다고 약속하는 자신의 모습을 그려보았다. 다시 말해 구매에 따른 위험 부담이 고객에게는 전혀 없었다.

다음 날 빌은 지역 매니저에게 전화를 걸어서 고객이 만족하지 못할 경우 정말로 회사에서 전액 환불해주는지 확인했다. 매니저는 그렇다고 대답했다. 그 매니저는 빌이 실제로 이 환불보장정책을 어떻게 활용할지 상상조차 못했다. 왓킨스가 자사 바닐라 진액의 품질에 자신감이 있어서 제품 용기에 환불보장 내용을 새겨 넣었다면 그것은 분명 훌륭한 제품일 것이고 그렇게 훌륭한 제품이 반품될 리는 없다.

이론상 고객은 제품의 4분의 1을 사용했더라도 불만족스럽다면 환불할 수 있어야 한다. 왓킨스가 자사 제품에 그렇게 확신이 있다면 빌 역시 똑같은 확신을 가져야 한다. 그래서 빌은 고객들에게 제품을 소개할 때 제품에 대한 자신감과 열정을 무기로 삼기로 했다. 빌은 당장이라도 거리로 달려 나가 물건을 팔고 싶었다. 성공할 자신이 있었다.

빌은 40년 전 처음으로 물건을 팔았을 때를 어제 일처럼 생생하게 기억한다.

"처음 할당받은 지역에서 실적을 한 건도 올리지 못하고 시간만 보냈는데 어느 날 한 아파트 건물을 우연히 발견했지. 왠지 모르게 느낌이 좋았어. 하지만 건물에 들어갈 수 없었어. 모든 입구가 잠겨 있었거든. 어떻게 해야 할지 막막했지만 반드시 건물 안으로 들어가야겠다고 결심했지. 그러다가 좋은 생각이 떠올랐어. 출입문 근처에 있는 기둥 뒤에 숨어 있다가 문을 열고 들어가는 사람이 있으면 문이 닫히기 전에 재빨리 안으로 따라 들어가는 거지."

실제로 빌은 그 계획을 실천에 옮겼다. 아파트 건물로 잠입한 빌은 초인종을 누르기 시작했고 그 건물의 3층에서 처음으로 세일즈에 성공했다. 빌은 청소용 세제가 마음에 들지 않으면 전액 환불해주겠다며 고객을 안심시켰고 그 말은 진심이었다. 고객은 "좋아요. 어디에 서명하면 되나요?"라고 물었다. 빌은 그 건물에서 새로운 친구와 고객을 몇 명 확보했다. 끈질긴 노력이 드디어 결실을 맺은 것이다.

빌의 아버지는 안타깝게도 1962년 9월 8일 잠을 자다가 그대로 돌아가셨다. 빌의 서른 번째 생일을 하루 앞둔 날이었고 빌이 처음으로 우수 판매사원상을 받은 지 다섯 달이 지난 시점이었다. 빌의 성공에 대해 부자가 대화를 나눈 적은 없다. 빌은 아버지와 관계가 소원해진 이유를 기억하지 못한다. 아마도 부자가 모두 일하느라 바빴기 때문일 것이다.

빌은 아버지에 대해 불편한 감정을 씻어내지 못했다. '직업을 구하라'라는 말을 뇌리에 새겨준 아버지는 빌이 왓킨스에서 세일즈맨으로서 이룬 성과에 만족하셨는지 빌은 늘 궁금해했다. 아버지가 살아 계셨다면 아직도 빌에게 그런 말씀을 하실까? 어쨌든 그 당시 빌에게 가장 중요했던 사실은 드디어 직업을 갖게 되었고 계속 일을 할 수 있다는 것이었다. 그리고 아버지의 기대를 훨씬 뛰어넘을 만큼 빌은 그 일을 훌륭하게 해낼 것이다.

아버지가 돌아가시자 빌은 집안의 가장이 되었고 어머니를 보살펴야 하는 유일한 부양자가 되었다. 빌이 왓킨스에서 일자리를 얻을 수 있었던 것은 순전히 단호한 의지 덕분이었다. 결국 빌은 미국 북서부 지역에서 최고 실적을 자랑하는 왓킨스 세일즈맨이 되었으며 이 타이틀을 오늘날까지 유지하고 있다.

이토록 놀라운 끈기는 그의 많은 장점 가운데 하나일 뿐이다. 빌을 존경하는 팬들은 수많은 카드, 편지 그리고 이메일에서 그의 끈기를 칭찬한다. 빌의 이야기를 읽고 난 사람들은 고된 일상과 삶에서 반복되는 문제에 좀 더 현명하게 대처하고 인내할 수 있게 되었다고 고백한다.

우리 가족도 마찬가지다. 올해 열네 살인 딸 카트리나는 1998년 색소융모결절성 활막염(PVNS)이라는 진단을 받았다. 무릎관절에 양성종양이 지속적으로 발생함으로써 심각한 고통을 유발하고 몸을 움직이는 데 제약을 주는 희귀병이다. 감사하게도 이 병은 생명을 위협하거나 사지절단의 위험을 초래하지는 않는다. 이 병을 진단받은 뒤 카트리나는 종양을 제거하기 위해 다섯 차례나 수술을 받았다. 마지막 수술로 종양이 완전히 제거되어 더 나타나지 않기를 바라지만 앞으로 수술을 더 받아야 할 여지는 남아 있다.

카트리나는 종종 자신의 병과 그에 따른 신체적 장애 때문에 절망하며 왜 그런 병이 자신에게 생겼는지 괴로워한다. 마지막 수술을 마친 뒤 다리에 버팀대를 차고 목발에 의지한 채 집으로 돌아오는 길에 차 뒷좌석에 앉아 있는 딸을 살짝 살펴보았다. 의기소침해진 딸에게 엄마의 따뜻한 위로의 말이 필요할 거라는 생각이 들어 딸의 표정이 어떤지 보기 위해서였다. 예상과 달리 딸은 얼굴에 미소를 머금은 채 창밖을 내다보고 있었다. "네가 잘 버텨내는 걸 보니 기쁘구나"라고 말하자 딸은 이렇게 대답했다.

"빌 아저씨를 생각하고 있었어요."

# 5장 포틀랜드 판매왕의 탄생

Door to Door

"상대방의 거절에
두려움을 가질 필요는 없습니다."

메리엄 웹스터 사전의 정의에 따르면 '노(No)'라는 말은 무언가를 거부하거나 부인하는 경우 또는 그러한 행위를 뜻한다. 예를 들어 고객이 세일즈맨에게 물건이나 서비스를 구매하지 않겠다는 거절 의사를 표시할 때 일반적으로 '노'라고 말한다. 그런데 무슨 이유인지 빌 포터의 귀에는 '노'라는 말이 전혀 다른 의미로 들린다. 빌은 그 말을 더 편한 시간에 다시 오거나 더 유용한 상품을 보여주었으면 좋겠다는 뜻으로 받아들인다.

'노'는 아이들, 부모, 교육가, 사업가에게 특히 더 강력한 힘을 갖는 말이다. '노'라는 말에 대한 인식은 이 말의 사전적 의미만 배우는 유년기 초기에 형성된다. 성년이 되어서도 사람들은 대개 '노'라는 말에 막연한 두려움을 갖기도 한다. 불안정하거나 신뢰가 충분히 구축되지 못한 사이라면 '노'라는 말 한마디에 관계가 깨지거나 상처를 받을 수 있으며 가까운 사람에게서 이 말을 들으면 더욱 치명적일 수 있다.

그런데 나는 누군가가 '노'라고 말할 때 그것이 제안을 수정하거나 제안을 전달하는 방식을 바꿔 달라는 단순한 요구라는 것을 빌 포터에게서 배웠다. '노'라는 말을 대하는 태도와 부정적인 면에 집착하지 않는 빌의 능력은 많은 사람이 그를 존경하는 이유라고 생각한다.

어떤 사람들은 빌의 뇌성마비가 하느님께서 그에게 던진 최대의 '노'라고 해석하기도 하지만 빌은 한 번도 그렇게 생각하지 않았다. 뇌성마비는 토요일 밤 댄스파티에 가기 전에 얼굴에 생긴 뾰루지 때문에 속상해 하는 것보다도 빌을 낙담시키지 못했다. 장애인으로서 수동적인 삶을 살거나 정신적·육체적으로 덜 힘든 일을 찾을 수도 있었지만 빌은 남들이 '장애'라고 규정한 신체적 약점에 정면으로 도전하는 방문판매라는 직업을 선택했다.

빌과 왓킨스의 인연은 1961년 12월에 시작되었다. 지역 매니저는 빌이 오래 버티지 못하고 포기할 것이라고 생각해 아무도 원하지 않고 판매실적도 거의 없는 포틀랜드 최악의 구역을 빌에게 할당했다. 빌이 담당한 지역의 주택들은 모두 오래되고 낡았으며 집집마다 돈에 쪼들렸기 때문에 빌이 파는 상품은 살 엄두조차 내지 못했다.

"낮에는 사람들이 집에 없어 물건을 팔기 어려웠지. 다들 입에 풀칠하기 바빠서 집에 있을 시간이 없었어. 포기하고 싶을 때도 있었지만 그럴 수도 없었어"라고 빌은 그때를 회상했다.

빈민촌을 할당받았으니 수입이 많을 리 없었다. 게다가 아버지의 건강이 악화되면서 아버지가 가족의 생계를 책임지지 못할 수도 있다는 사실을 염두에 두어야 했다. 빌은 수입이 더 나은 지역을 할당받거나 다른 일자리를 알아봐야 할 때가 되었다고 느꼈다. 그래서 지역 매니저에게 제안했다.

"제가 뇌성마비연합 판매원으로 세일즈했던 우리 동네 주변 지역에서 왓킨스 제품을 팔면 어떨까요? 그곳에는 제 고객들이 있으니까요." 매니저는 다른 사람이 이미 그 지역을 담당하고 있다고 말했다. 물론 빌은 그러한 대답을 예상했다.

"제가 조사해보니 지역할당에 대해 정해진 규정이 없더군요." 빌의 말은 사실이었다. 당시에는 지역할당에 대해 명확한 규정도 없이 주먹구구식으로 운영되고 있었다. 판매능력이나 판매실적을 고려하지 않고 지역을 할당했다. 빌은 자신의 주거지와 해당 지역의 근접성, 해당 지역에 대해 갖고 있는 지식뿐 아니라 과거 세일즈 경력이 지역할당에 반영되어야 한다고 생각했다. 하지만 매니저는 단호하게 거절했다.

하지만 빌은 포기하지 않았다. 빌은 더 강력한 논리로 매니저를 설득해야겠다고 마음먹었다. 일주일 뒤 빌은 다시 매니저를 찾아갔다.

"다른 사람의 관할지역을 빼앗겠다는 것이 아닙니다. 제가 원래 활동했던 지역에서 다시 판매하겠다는 것뿐입니다. 그 지역은 제 안방이나 다름없다고요."

몇 주 생각할 시간을 달라는 매니저의 말에 빌은 가능성이 있음을 확신했다. 그리고 다음 면담에서 협상을 마무리 지어야겠다고 생각했다.

또다시 매니저와 마주 앉은 빌은 당당하고 명쾌하게 제안했다. "포틀랜드 역사상 최대 판매실적을 올리겠습니다. 분명히 약속드립니다. 회사와 매니저 님에게 돌아갈 이윤을 생각해보십시오. 제 판매실적이 좋아야 매니저 님도 커미션을 많이 받을 테니까요."

매니저는 썩 내켜하지는 않았지만 빌의 제안을 받아들였다. 빌은 절대 후회하지 않을 거라며 매니저를 안심시켰다. 실제로 빌은 새로운 지역을 할당받은 지 석 달 만에 왓킨스의 1,000달러 클럽 회원으로 등극했고 이러한 공로를 인정받아 감사패도 받았다. 아이린은 이 감사패를 손수 액자에 넣어 자랑스럽게 벽에 걸어놓았다.

두 달 뒤 빌의 이야기가 왓킨스 뉴스에 특집으로 실렸다. 다음은 1962년 7월 9일자 기사다.

### 빌 포터, 월 판매실적 1,076달러 기록, 포틀랜드 판매왕 대열에 합류하다

오리건 주 북부 포틀랜드에 거주하는 빌 포터는 5월 한 달 동안 판매 보조원의 도움을 받아 주 5일 내지 6일 동안 꼬박 하루 여덟 시간 동안 방문판매를 강행하는 불굴의 의지로 판매왕의 반열에 올랐다. 5월 한 달 동안 총 1,076달러의 실적을 올렸으며 현충일이 포함된 주에만 340달러라는 놀라운 판매기록을 세우기도 했다.

1961년 12월 입사한 이후 그는 회사의 세일즈 전략을 철저히 따랐으며 카탈로그와 증정품을 적극적으로 활용하여 이러한 성과를 거두었다. 5월 한 달 동안 빌은 다섯 박스의 카탈로그를 구매해서 남자 어린이를 시간제로 고용하여 카탈로그를 인근 지역에 뿌리게 했다.

장애인인 빌은 운전을 할 수 없기 때문에 일주일에 6일 동안 자신의 집에서 담당 지역까지 70블록을 걸어 다니며 판매한다. 유통업을 하고 있는 테드와 아이작 마토 부부의 말에 따르면 빌이 집을 떠나는 시간이 아니라 자신의 담당지역에 도착하는 시점을 기준으로 여덟 시간의 하루 일과가 시작된다고 한다. 빌은 신체적 장애와 언어 장애가 있는데도 놀라운 판매실적을 달성했다. 지역 매니저인 C.C. 헌터는 빌을 이렇게 평했다. "빌이 이렇게 놀라운 판매성과를 올릴 수 있다니 정말 감탄스럽습니다. 다른 세일즈맨들을 부끄럽게 만들기에 충분한 실적이죠."

아이린은 세일즈맨으로 성공한 아들을 무척 자랑스러워했다. 아이린은 빌에 관한 기사를 오려서 지갑에 넣고 다녔다. 빌이 마치 왓킨스 사장이라도 된 듯 어머니가 그 기사를 꺼내 친구들과 이웃들에게 자랑했다는 이야기를 할 때면 빌은 아직도 얼굴을 붉힌다.

빌의 아버지는 빌의 성공에 대해 한 번도 언급하지 않았고 빌은 지금까지도 그 점을 아쉽게 생각한다. 아버지가 손이라도 한 번 잡아주거나 등이라도 한 번 토닥거려주었으면 얼마나 좋았을까 하는 아쉬움은 빌의 가슴속에 응어리로 남아 있다.

본사에서 인정받고 나서 빌은 더 열심히 일했다. 감사패와 신문기사는 빌이 훌륭한 세일즈맨임을 입증하는 분명한 증거였다. 매일 아침 일어날 때마다 빌은 어제보다 더 많이 팔 수 있다는 자신감으로 하루를 시작했고 하루 종일 이런 긍정적 태도를 유지했다. 빌이 어떻게 부정적인 것보다 긍정적인 것에 집중하는지 그의 말을 직접 들어보자.

"한 블록에 열 가구가 있다면 열 가구를 모두 방문하지. 그 집이 정원이나 차를 얼마나 잘 관리했는지는 중요하지 않아. 집집마다 최소한 한 사람의 잠재고객이 살고 있을 테니까. 열 집 중 여덟 집이 구매를 거절했다 해도 반대로 생각하면 나머지 두 집은 내 물건을 샀다는 뜻이니까 전혀 낙담할 필요가 없지. 석 달 뒤 똑같은 블록을 갈 때 역시 열 집을 모두 방문하지. 어떤 세일즈맨들은 과거에 물건을 성공적으로 판매했던 집만 다시 방문하지만 나는 그렇지 않아. 물건을 사지 않았던 여덟 집도 결국 내게서 물건을 사게 되리라는 사실을 알기 때문이지. 그리고 실제로도 그랬어. 석 달 만에 한 번씩 내 구역에 있는 모든 가구를 방문했어. 그렇게 해서 결국 500명이 넘는 단골을 확보하게 된 거야."

맑은 날이나 비가 오는 날이나 하루도 빠짐없이 빌은 하루 여덟 시간 동안 15킬로미터 정도를 걸어 다니며 집집마다 문을 두드렸다. 매일 100여 집의 문을 두드렸고 운이 좋으면 열 집 중 한 집이 물건을 사주었다. 하루 종일 겨우 다섯 건만 주문받는 날도 있었다. 고객들이 '관심 없어요'라는 말보다 더 나은 반응을 보이기라도 하면 그날은 운이 좋다고 생각했다. 그러한 반응은 곧 세일즈에 성공할 여지가 있다는 뜻이기 때문이다. 고객이 현관문을 열어 그를 집 안으로 들이는 순간 판매는 이미 성사된 것이나 다름없었다.

브라운 부인은 지금은 빌의 단골고객이 되었지만 그녀 역시 몇 년 동안 구매를 거부했다. 그녀는 빌의 카탈로그에 있는 어떤 상품도 구매할 의향이 눈곱만큼도 없으니 절대 다시 오지 말라며 빌을 내치기도 했다. 그런데도 빌이 석 달에 한 번씩 꼬박꼬박 찾아와 계피가루나 빨래비누 같은 소모품이 떨어지지 않았는지 물어보자 브라운 부인은 놀라지 않을 수 없었다. 그러던 어느 날 브라운 부인은 마지못해 빌을 집 안으로 들어오게 했다. 절묘한 타이밍이었다. 마침 바닐라가 거의 떨어졌는데 추수감사절이 얼마 남지 않은 시점이었기 때문이다. 브라운 부인은 그때를 이렇게 회고한다. "빌은 모든 계획이 머릿속에 서 있었어요. 내가 뭔가를 사기 전에는 절대 자리에서 일어나지 않을 작정이었죠. 빌은 계속 물건들을 내게 보여주었고 그중에 마침 내가 필요했던 물건을 발견했죠."

빌은 브라운 부인에 대해 특별히 애착이 가는 고객이라고 말한다. "500명의 단골 중에서 40명 정도는 아무것도 필요 없다거나 다시는 오지 말라고 했지. 그런 고객들 중에는 지금 최고의 단골이 된 사람들이 꽤 있어. 브라운 부인도 그런 40명 중 한 사람이지."

빌은 고객의 생필품이 얼마나 남았는지에 관한 한 컴퓨터에 버금가는 정확한 기억력을 갖고 있다. 예를 들어 빌은 브라운 부인의 유리 세정제가 언제 바닥날지 정확히 알고 있다. 어느 고객은 빌에 대해 이런 일화를 들려주었다. 빌은 그 고객을 5월에 방문했는데 그는 여름휴가 기간에 캠핑하고 친척들을 방문한 다음 석 달 뒤에나 돌아올 것이라고 정중하게 거절 이유를 설명했다. 그렇기 때문에 당분간 세탁기를 사용하지 않으며 따라서 다시 돌아올 때까지 세제가 필요 없다는 뜻이었다. 고객은 빌에게 언제 다시 그 지역을 방문하는지 물으면서 '가을쯤'이 될 것이라는 대략적인 답변을 기대했다.

"8월 19일 아침에 다시 찾아뵙겠습니다." 너무나도 구체적이고 정확한 빌의 대답에 고객은 허를 찔린 기분을 느꼈다. 그로부터 정확히 3개월 뒤 세제주문 계약서 작성 준비를 완벽하게 한 빌이 고객의 문 앞에 나타났다. 빌을 본 고객은 그다지 놀라지 않았다. 여름휴가를 떠난다는 고객을 설득해 모기 퇴치제를 구매하도록 만든 빌에게 이미 두 손 번쩍 들어 항복했기 때문이다.

구매한 상품을 빌 대신 배달하는 나를 붙잡고 도움을 청하는 고객들을 종종 만난다. 빌의 열정과 긍정적인 태도가 좋아서 즉흥적으로 주문했지만 뒤늦게 필요 없는 물건임을 깨달은 것이다. 빌의 마법 같은 구매 권유에 어떻게 '노'라고 말해야 할지 몰랐을 뿐 아니라 아무리 싫다고 해도 소귀에 경 읽기였던 것이다. 빌은 싫다는 고객에게 끊임없이 새로운 상품을 권한다. 고객들의 찬장은 그릇, 개봉하지도 않은 향신료 박스, 파스타, 베이글 믹스 등으로 가득 차 있다.

빌은 밥을 밖에서 사 먹는 고객에게 수프 믹스를 팔고 채식주의자에게 고기 연화제를 팔 수 있는 사람이다. 나는 그저 어깨를 움찔해 보이며 그들에게 행운을 빌어줄 뿐이다.

몇 년 동안 빌을 지켜보면서 나 역시 부정적인 일을 대하는 그의 태도를 체득했다고 자부한다. 살아오면서 난관에 부딪힐 때마다 속으로 이렇게 말하곤 했다. '빌이 할 수 있다면 나도 못할 이유가 없다!' 그러면 마법처럼 일이 해결되었다. 이렇게 새로운 태도로 임하면 일상사나 직장일이 술술 잘 풀렸다. 항상 닫혀 있던 기회의 문이 갑자기 활짝 열렸다. 그러한 일화 가운데 하나를 소개한다.

지난 몇 년 동안 빌과 나는 기업의 강연 요청을 받고 세계 여러 나라를 돌아다니며 빌의 이야기를 사람들에게 들려주었다. 청중의 반응은 뜨거웠고 강연 요청은 쇄도했다. 그러나 강연 초기에 몇 가지 난관에 봉착했다. 초기에 기업들이 강연 요청을 해오면 빌은 극구 거절했다. 빌은 자신이 세일즈맨이지 대중 연설가가 아니라고 여긴 것이다. 그래서 나는 최대한 빌다운 방식으로 이에 대응했다.

"잠깐만요, 빌. 대중 앞에 서는 것은 제 전공이잖아요. 제가 연극을 전공했다는 걸 잊으셨어요? 저는 무대에 서는 일이 무척 좋아요. 게다가 강연을 하면 홍보효과가 있어서 세일즈에도 도움이 될 거예요."

갑자기 빌이 조용히 생각에 잠겼다. 머릿속으로 재빨리 손익을 계산했는지도 모른다. 잠시 후 빌은 딱 한 번만 강연에 나서겠다고 약속했다. 물론 그날 이후 강연을 수없이 많이 하게 되었다.

강연 사업은 내가 꿈꾸던 일이었다. 내가 좋아하는 일을 하면서 강연을 통해 다른 사람들에게 감동을 줄 수 있기 때문이다. 빌의 이야기가 얼마나 많은 사람에게 감동을 주는지를 옆에서 지켜보면서 늘 감탄한다. 약간의 쇼맨십이 있는 빌에게는 대중의 관심을 받는 것도 즐거운 일이지만 빌을 더 놀라게 만든 것은 유명인사가 된 뒤 판매실적이 급증했다는 사실이다.

2000년 한 해 동안 빌과 나는 믿기 어려울 만큼 바빴다. 1999년에는 강연하러 다니고, 이 책의 초안을 작성하고, 인터뷰하고, 텔레비전 방송용 영화 제작 계약을 하느라고 정신없이 지나갔다. 빌은 이제 강연 수입만으로도 충분히 먹고 살 수 있지만 집집마다 문을 두드리며 왓킨스 물건을 계속 팔았다. 난 뱃속에 여섯째 아이를 임신한 상태에서 강연 일정에 맞춰 비행기를 타고 여기저기 날아다니고 영화를 제작하기 위해 프로듀서와 몇 차례 회의하면서도 가정생활을 순탄하게 유지할 수 있었다.

강연예약과 일정조정을 전문으로 하는 에이전시가 우리와 일하고 싶다고 제안했을 때 나는 뛸 듯이 기뻤다. 그때까지 비행기 표 예약부터 호텔 예약, 프레젠테이션에 이르기까지 모든 강연과 출장의 세부업무를 나 혼자 감당해야 했기 때문이다. 그러나 전문 에이전시와 계약하면 장단점이 분명히 있었다. 강연 도중 즉흥적인 행동이나 원고에 없는 내용은 최소화해야 했다. 에이전시가 강연예약을 받으면 우리는 언제나 이에 응해야 했다. 우리는 강연에 사용할 프레젠테이션을 꼼꼼하게 수정했고 동영상도 추가했다. 빌과 셸리가 드디어 할리우드로 진출하는 것이었다.

에이전시가 2000년 1월 윌리엄스 커뮤니케이션스에서 강연하기로 일정을 잡았다. 당시 출산이 임박했기 때문에 남편 존이 빌을 수행하기로 했다. 나는 강연에서 내가 해야 할 부분을 비디오로 촬영했고 에이전시도 이 부분에 대해 만족스러워했다. 모든 것이 순조로웠다. 그런데 플로리다

올랜도로 출발하기 며칠 전 빌은 몸이 좋지 않고 호흡이 곤란하다고 알려왔다. 나는 내가 동행하지 않기 때문에 빌이 심리적으로 불안한 탓이라고 여겼다.

에이전시와 신뢰관계를 구축하기도 전에 일을 그르칠 위기에 놓였다. 나는 갈등했다. 앞서 다섯 번을 출산하면서 예정일보다 3일 이상 앞당겨진 적이 없었다. 그렇다면 진통이 시작되기 전에 강연을 마치고 집에 돌아올 수 있다는 계산이 나왔다. 의사의 명령과 항공사 규정을 위반하면서까지 나는 빌과 올랜도까지 동행하기로 했다. 그러나 빌의 상태는 호전되지 않았다. 빌은 이제 내 건강까지 걱정해야 했다.

출발을 이틀 앞두고 빌은 도저히 이번 강연을 할 수 없다고 선언했다. 내가 보기에 빌의 몸 상태는 괜찮았다. 3일 전 당한 사고 때문에 진통제를 먹은 것이 잘못되어 위산이 역류하긴 했지만 치료를 받고 상태가 호전되었다. 그렇지만 뇌성마비 때문에 역류된 위산 일부가 폐로 흘러 들어가 폐를 손상시켜 하루에 두 차례 산소 흡입기를 사용해야 했다. 잠시 호흡이 가빠지는 경우를 제외하고는 자질구레한 업무처리도 잘하고 물건도 팔러 다니고 이곳저곳 돌아다니는 등 잘 지냈다. 나는 예정된 강연에 꼭 가자고 빌에게 애원했다. 그러나 빌은 단호히 거절했다.

그날 밤 세상이 무너지는 것 같았다. 버림받은 신세를 한탄하며 베개에 얼굴을 묻고 훌쩍거리다가도 강연가로서 내 인생이 끝장났다는 현실을 냉정하게 직시하면서 밤새 뒤척이며 잠을 이루지 못했다. 한편으로는 빌의 감동적인 이야기를 듣고자 하는 사람들에게 갈 수 없다는 사실이 슬펐고 한편으로는 내 꿈이 물거품이 될지도 모른다는 이기적인 생각이 들어 우울해졌다. 나는 무대와 조명, 카메라와 박수갈채를 간절히 원했다.

다음 날 아침 나는 지푸라기라도 잡는 심정으로 빌 포터식 문제해결 방식을 이 문제에 적용하기로 했다. 나는 에이전시에 전화를 걸어 이 딜레마에 대한 전혀 새로운 해결책을 제시했다. 빌 없이 나 혼자 올랜도에 날아가는 것이다. 그리고 아카데미 시상식에 수상자가 참석할 수 없을 때처럼 최첨단 영상기술과 위성수신을 이용해 빌을 스크린에 등장시키는 것이다.

에이전시와 계약했을 당시 빌이 연로하여 더는 여행과 강연이 어려워지는 시점에 대해 논의한 대목이 있기 때문에 이런 제안은 충분히 설득력이 있어 보였다. 그렇게 하면 일을 일사천리로 진행할 수 있을 것이라고 생각했다. 그러나 에이전시는 빌과 내가 짝을 이뤄 최소한 1년이나 2년 정도 입지를 굳힌 뒤 나 혼자서 강연에 나서기를 원했다. 에이전시는 지금처럼 빌에게 문제가 생겨 자사의 최고 고객에게 약속한 것을 이행하지 못하게 되리라고는 전혀 예상치 못했던 것이다.

나는 이 시점에서 우리가 더 잃을 것이 없다는 사실을 끈질기게 에이전시에게 설명했다.

강연이 시작되자 나 혼자 무대에 나섰다가 일을 망치면 고객들은 환불을 요청할 것이고 그렇게 될 경우 환불해주면 그뿐이었다. 우리는 여전히 잘살 것이다. 빌은 여전히 왓킨스 상품을 팔면 되고 나는 가족 품으로 돌아가면 그뿐이었다. 에이전시가 다시 연락하겠다고 말하는 것으로 대화는 끝났다.

그로부터 한 시간 뒤 에이전시에서 전화해 빨리 짐을 싸라고 했다. 디즈니월드로 날아가는 것이다. 강연을 무사히 마치고 집으로 돌아올 때까지 여섯째 아이가 뱃속에서 얌전히 기다려주기만 바랄 뿐이었다. 나 혼자 무대를 지키고 위성을 이용한 대형 화면을 통해 무대 뒤에서 라이브로 빌이 강연했다. 강연은 무사히 끝났다. 윌리엄스 커뮤니케이션스는 강연에 매우 만족해했으며 두 달 뒤 라스베이거스에서 다시 강연해달라고 요청했다. 이제 뱃속이 아니라 등에 아기를 업고 강연에 나서야 했다. 이번에는 빌이 직접 강연에 참석할 수 없음을 미리 알면서 강연을 요청해왔다. 이를 계기로 빌의 건강은 더욱 좋아졌고 이후 몇 달 동안 예정된 강연일정을 순조롭게 소화해냈다.

컨퍼런스 기획자 가운데 한 사람은 빌의 강연에 깊이 감동되어 빌에게 윌리엄 커뮤니케이션스 대변인 자리를 제안했다. 빌은 그 제안을 영광스럽게 생각했지만 시기적으로 맞지 않아 성사되지 않았다. 한때 전화응대도 제대로 못한다고 해고되었던 빌이 대형 커뮤니케이션 회사 대변인 자리를 제안받다니 빌은 참 아이러니라고 생각했다.

빌은 자신의 체력이 내가 원하는 만큼 오래 버티지 못할 것이라는 사실을 잘 알고 있었다. 쏟아지는 강연 요청을 받고 이곳저곳을 돌아다니는 길 위의 삶이 멋있게 보일지 모르지만 그런 일정은 몸과 마음을 지치게 만든다. '내 집만

한 곳이 없다'고 했던 《오즈의 마법사》의 도로시 말에 전적으로 공감한다. 공항, 육로, 호텔, 레스토랑 모든 것이 그만큼 대가를 요구한다. 빌처럼 잘 짜놓은 계획대로 움직이는 사람에게는 특히 더 그렇다. 빌의 성공은 톱니바퀴처럼 잘 짜여 맞물려 돌아가는 일상에서 기인하기 때문이다.

들떠서 강연을 준비하던 어느 날 빌은 힘없는 목소리로 강연에 갈 수 없다고 말했고 나는 빌의 상태가 심상치 않다는 것을 직감했다. 의사도 집에서 휴식을 취하면서 건강을 돌보라고 권했다.

고객으로서는 매우 난감한 상황이었다. 컨벤션에 참석한 대다수 사람들은 그날의 주인공인 빌을 보기 위해 입장권을 샀기 때문이다. 에이전시의 신뢰성에도 문제가 되었다. 계약상으로도 빌이 컨벤션에 직접 등장하기로 되어 있었다. 빌의 이름이 프로그램 브로셔에 굵은 글자로 선명하게 적혀 있었다.

에이전시가 컨벤션 담당자에게 전화를 걸어 빌의 상태를 설명하고 꿩 대신 닭으로 나 혼자서 강연하는 방안을 제안하자 싸늘한 반응이 돌아왔다. 컨벤션 담당자는 윌리엄스 커뮤니케이션스처럼 너그럽지 못했다. 빌이 없는 셸리는 절대 안 된다는 단호한 거부의사를 표현했다. 강연자로서 내 인생은 끝난 듯 보였다.

나는 또다시 빌 포터 방식으로 사고를 재빨리 전환했고 묘안이 떠올랐다. 내가 직접 컨벤션 주최 측에 전화를 걸어 위성이나 전화로 빌과 연결하여 강연을 진행하고 내가 옆에서 돕는 방법으로 충분히 해낼 수 있다고 설득했다. 과거에도 그렇게 한 적이 있었고 반응이 좋았다고 안심시켰다. 만족하지 않으면 강연료를 내놓겠다고 약속했다. 주최 측에서 강연에 만족한 만큼만 보수를 지불해도 좋다고 제안했다. 강연료를 한 푼도 못 받을 수도 있는 위험한 제안이었다. 하지만 내 제안을 받아들일 것이라는 확신이 있었다. 나는 왓킨스 상품을 팔면서 '품질에 만족하지 못하면 전액 환불해드립니다'라던 빌이 된 기분이 들었다. 그뿐 아니라 '노'라는 대답을 들어도 절대 포기하지 않을 작정이었다.

주최 측의 최고책임자는 내 제안을 검토해보고 연락하겠다고 했다. 에이전시는 가시방석에 앉아 있는 심정이었을 것이고 벌써 새로운 고객을 찾기 시작했는지도 모른다. 한 시간 뒤 전화벨이 울렸고 내 제안은 받아들여졌다. 빌은 전화로 연결하기로 하고 나는 직접 컨벤션에 참석해 강연하기로 했다. 강연이 끝나고 나서 청중의 반응을 보고 강연료를 결정하기로 했다. 나는 남편에게 전화를 걸어 다음 날 지방으로 출장 간다고 알렸다.

"이젠 놀랍지도 않아. 누가 감히 당신에게 '노'라고 하겠어?"

그 말은 빌에게도 마찬가지로 적용될 것이다. 2주 뒤 강연료 전액이 적힌 수표가 내 앞으로 배달되었다.

6장

# 어머니의 죽음

Door to Door

"목표만으로는 충분하지 않습니다.
그것을 향해 꿋꿋하게 걸어가세요."

1996년 뉴올리언스에서 열린 왓킨스 국제대회에서 "무엇에든 도전하고 최선을 다하십시오"라는 말로 폐막 연설을 마친 빌은 관중에게서 기립박수를 받았다. 대회 주제는 '목표 달성'하기였고 각종 프로그램과 연설을 통해 대회 참석자들에게 고취하고자 한 점은 자기 한계를 파악하고 그것을 초월하려고 노력하면 불가능해 보이는 목표도 이룰 수 있다는 믿음을 주는 것이었다. 그리고 빌은 그것을 입증하는 살아 있는 증거였다.

목표를 정확하게 아는 운 좋은 사람들도 있지만 빌의 말에 따르면 그들은 절반의 승리자일 뿐이다. 빌은 목표를 성

취하는 과정에서 귀한 경험과 추억을 얻게 된다고 믿는다. 목표가 올바르다는 확신이 있다면 목표를 이루기 위해 한 걸음 내디딜 때마다 성취감을 느낄 수 있다. 빌은 세일즈라는 자신의 소명을 일찌감치 발견해 어떠한 난관에도 굴하지 않고 그 길을 꿋꿋하게 걸어갔다. 최고 세일즈맨이라는 목표를 이루는 여정에서 빌은 수많은 고비를 넘겨야 했다.

빌이 목표를 정하고 달성하고자 노력하는 태도는 스포츠에 흥미를 갖기 시작한 유년기에 익혔다. 어린 시절, 부모님과 식탁에 둘러앉아 커다란 라디오에 귀를 기울이고 야구 중계방송을 듣던 추억을 회상할 때면 빌의 얼굴에 미소가 환하게 번졌다. 당시에는 텔레비전이 없어서 선수들의 동작 하나하나를 머릿속에 그려가면서 라디오를 들어야 했다.

빌은 뉴욕 양키스 선수들의 사인이 적힌 사진을 아직도 소중히 간직하고 있다. 빌은 뉴욕 양키스 감독에게 사인볼을 보내달라고 편지로 부탁했지만 사인볼 대신 사진을 받았다. 빌과 부모님은 모든 운동을 좋아해서 그 집을 방문하는 손님들은 다양한 팀과 선수들에 대한 격렬한 토론을 피해갈 수 없음을 알고 있었다. 잠자리에 들기 전 빌은 운동

경기를 직접 하는 자신의 모습을 상상하곤 했다. 만루 홈런을 치는 꿈이나 터치다운을 이끌어냄으로써 팀을 승리로 이끄는 꿈을 꾸었다. 그러나 뇌성마비라는 신체적 한계 때문에 동네 꼬마들끼리 재미삼아 하는 야구경기에조차 참여할 수 없는 슬픈 현실을 바로 보아야 했다.

고등학교에 진학했을 때 빌은 신체적 장애에도 다른 아이들처럼 운동을 즐기는 방법을 터득하게 되었다. 빌은 코치에게 물 심부름을 하겠다고 자청했고 코치는 모두 꺼려하는 일을 하겠다는 제안을 흔쾌히 받아들였다. 게임이 끝날 때마다 빌은 선수들에게 수건을 나눠주고 컵에 물을 따라주었다. 빌은 거기서 한 발 더 나아갔다. 빌은 팀의 공식 통계를 작성해야겠다고 생각했다. "게임 전날이면 종이를 꺼내놓고 세로줄에는 선수들의 이름을 모두 적고 위쪽 가로줄에는 게임 횟수를 적어 넣었지. 게임이 있는 날이면 내가 직접 종이와 연필을 준비해서는 경기마다 적절한 선수를 판단해 표시했어. 게임이 끝난 날 밤 게임 통계를 모두 타이핑해서 다음 날 코치에게 가져다주었지."

나중에 빌은 링컨고등학교 학보에서 스포츠 기자로 활동하게 되었다. 칼럼을 쓸 때면 게임의 하이라이트와 더불어 완벽하게 작성한 게임통계를 덧붙였다. 그가 쓰는 칼럼의 제목은 '포터의 귀띔 정보'였다. 링컨고등학교 스포츠에 대한 빌의 기여도는 상당했다. 그래서 빌은 졸업파티에서 학교 이름이 새겨진 유니폼을 상으로 받았다. 이 유니폼은 빌이 아직까지도 가장 아끼는 물건으로 누가 그 옷에 대해 묻기라도 하면 언제든 직접 입고 역사를 말해줄 수 있도록 옷장에 걸어두었다. 1954년 링컨고등학교 졸업 앨범에는 〈뉴욕타임스〉 스포츠 기자감으로 빌이 거명되어 있다. 빌은 자신의 한계를 분명히 깨닫고 그 한계를 초월함으로써 스포츠에 참여하겠다는 목표를 성공적으로 달성했다. 빌은 링컨고등학교 시절 스포츠와 관련해 만든 추억을 어느 고교 대표팀에서 쿼터백을 한 것 못지않게 소중히 생각한다.

1980년대 들어 빌의 어머니 아이린이 알츠하이머 초기 증세를 나타냈을 때 빌과 나는 이 세상에서 인간에게 주어진 시간이 얼마나 유한한지 다시 한 번 절실하게 깨달았다. 빌은 그 순간을 아주 생생하게 기억한다.

"너무 갑작스럽게 어머니가 변해버렸어. 어느 날 아침 출근준비를 하는데 어머니가 불평을 늘어놓는 거야. 몸이 안 좋은 당신을 혼자 내버려두고 일하러 나가는 내가 몹쓸 아들이라고 했어. 일하러 가야 하는데 어떻게 어머니 마음을 달래야 할지 막막하더군. 당장 생활비를 벌어야 했으니까. 며칠 동안 잠잠하더니 다시 불평이 시작되더군. 아침에 출근하는 나를 붙잡고 울더니 내가 퇴근해서 돌아오자 두어 시간 동안 한마디도 하지 않으셨지."

그것은 빌의 인생에서 가장 고통스러운 경험이었다. 빌에게 신앙과 같은 존재이자 최대 지지자인 어머니가 등을 돌린 듯이 보였기 때문이다. 그것이 어머니의 본심이 아니라 알 수 없는 병 때문이라는 것을 알았지만 자신이 퇴근했을 때 어머니가 침묵으로 맞이할지 눈물로 반겨줄지 갈피를 잡지 못하면서 매일 아침 집 밖으로 나서는 것이 고역이었다.

아이린이 알츠하이머에 걸렸다는 주치의의 말을 듣고 빌은 이웃에게 돈을 지불하고 낮 시간 동안 어머니를 돌봐달라고 부탁했다. 그 뒤 어머니의 상태는 악화되었고 하루 24시간 도움이 필요했다. 어쩔 수 없이 빌은 집처럼 편안한 환경이 도움이 되기를 바라며 위탁가정에 어머니를 맡겼다. 그러나 제대로 보살핌을 받지 못한다는 것을 알아채고 관리가 좀 더 철저한 노인요양원으로 어머니를 옮겼다.

나는 빌이 어머니를 요양원에 보내기 직전에 대학을 졸업하고 빌과 함께 본격적으로 일하기 시작했다. 어머니가 살아 계시는 동안 빌은 꾸준히 요양원을 방문했다. 매주 화요일과 목요일 저녁이면 빌은 어김없이 일과를 마치고 성 조셉요양원으로 향하는 버스에 몸을 실었다. 일과가 길어지다 보면 면회시간이 지나서야 요양원에 도착하기도 했다. 어머니에 대한 빌의 지극한 효심을 잘 아는 터라 간호사들은 언제나 말없이 고개를 끄덕이며 빌을 들여보내 주었다. 주일이면 예배를 마치고 오후 내내 어머니와 함께 시간을 보냈다. 어머니의 병세가 악화되어 얼굴을 알아보지 못하게 되었을 때에도 빌은 이 규칙을 변함없이 지켰다.

나와 빌의 관계가 고용인과 피고용인에서 친구로 발전하면서 빌은 나와 내 가족을 통해 위안과 격려를 얻었다. 우리는 서로 사생활을 공개하는 사이가 되었다. 나는 주로 젖먹이 아이들 때문에 얼마나 바쁘고 힘든지 털어놓았고 빌은 언제나 어머니에 대해 이야기했다. 날이 갈수록 어머니 이야기는 좋지 않은 쪽으로 흘렀다. 어머니 상태는 처음에는 '좀 나아졌다'고 했지만 나중에는 '괜찮다'에서 '별로 좋지 않다'까지 악화되었다. 나는 아이린에게 시간이 얼마 남지 않았음을 직감했다.

빌은 내게 어머니를 한번 찾아뵙지 않겠느냐고 물었지만 나는 바쁘다는 핑계로 차일피일 미루었다. 집을 팔고 새 집을 사야 했고 교회 자원봉사일로 바빴으며 공동육아조합에도 참여해야 해서 도무지 짬이 나지 않았다. 시간은 자꾸 흘러갔고 빌은 때때로 내게 "셸리, 조만간 우리 어머니를 뵈러 같이 가주지 않을래?"라고 물었다. 나는 정말 가고 싶었고 스케줄을 확인해보겠노라고 약속했다. 그 당시에 나는 너무 바빴다. 아이들은 나를 필요로 했고 교회도 나를 필요로 했다. 나는 심한 두통에 시달렸는데 의사는 임신 때문이라고 했다. 집을 사고팔고, 병원에 다니느라 바쁜데다 머리까지 깨질 듯 아파서 도무지 정신을 차릴 수 없었다.

그런 중에도 나는 "셸리, 우리 어머니를 뵈러 같이 가주지 않을래?"라는 빌의 말을 가끔 들었다.

"그래요. 조만간 같이 가요. 오늘부터 정확히 일주일 뒤에 가요. 지금은 집을 팔려고 내놓아서 바쁘거든요."

정확히 일주일 후 주문받은 물건을 배달하려고 준비하는데 하혈이 시작되었다. 나는 너무 당황해서 병원에 전화를 걸어 어떻게 해야 하는지 물었다. 간호사는 "걱정하지 마세요. 하혈은 흔히 있는 일이니까요. 괜찮을 겁니다"라고 나를 안심시켰다.

나는 침대에 누워 발을 올리고 있어야 하는지 물었다. 간호사는 평소에 하던 대로 하라고 조언했다. 만약 하혈이 유산의 기미라면 유산을 피할 수 없다고 했다. 극도의 불안감 속에서 빌이 주문받은 상품의 포장을 끝마쳤다.

그날 저녁 빌의 집에 도착했을 때 나는 몸에 심각한 문제가 있음을 다시 한 번 느끼고 상태가 호전될 때까지 요양원 방문을 미루기로 했다. 유산기가 있다고 말하면 빌이 걱정할까 봐 '약간의 불편함'이라고만 언급했다. 빌은 내 일이라면 지나치게 호들갑을 떨며 걱정하고 감싸는 경향이 있기 때문이다. 빌은 어머니 일과 세일즈만으로도 충분히 머릿속이 복잡한데 나까지 걱정을 끼치고 싶지 않았다.

내가 평소와 같이 아무 일도 없다는 듯 고객들에게 물건을 배달하는 동안 아이들은 할머니가 보살펴주셨다. 나는 임신에 관한 한 전문가라고 자신하면서 남편에게 주말에 시애틀에 사는 동생들의 생일파티에 다녀오라고 했다. 문제가 생기면 전화하겠다고 약속까지 하면서 말이다.

일요일 아침 나는 울부짖으며 경련을 하고 하혈을 하며 차로 세 시간 거리에 있는 시애틀에서 남편이 돌아오기만 기다렸다. 나와 남편은 곧장 응급실로 달려갔고 의사는 아기의 심장박동을 체크했다. 하지만 심장박동이 전혀 들리지 않았다. 나는 몇 시간 동안 침대에 누워 고통에 신음하며 진통제를 달라고 애원했고, 병실에 들어오는 모든 간호사에게 언어폭력을 행사했다.

"나는 진통을 하지 않는단 말이에요! 무통분만을 한다고요! 임신해도 이런 식으로 진통을 해본 적이 없다니까요! 왜 이런 진통을 고스란히 견디라고 하냔 말이야!"

마침내 나는 침대에 실린 채 초음파실로 갔고 그곳에서 간호사는 매우 사무적인 말투로 태아가 사망했다고 말했다. 갑자기 내 몸에서 뭔가가 쏟아져 나오는 것을 느꼈고 간호사가 퉁명스럽게 소리쳤다. "이제 나오네요. 유산하셨어요. 이제 다 끝났어요." 내가 확인하려고 일어나 앉으려 하자 간호사가 나를 눕히면서 말했다. "안 보시는 게 좋을 거예요."

간호사가 아기를 수건에 싸서 안고 병실을 나가면서 말했다. "의사 선생님이 곧 오셔서 D와 C 처치에 들어갈 거예요. 자궁 안을 청소하는 절차라고 보면 돼요."

꽃과 카드가 병실로 밀려들고 식사가 나왔으며 많은 이들이 위로의 포옹도 해주었지만 아기는 그곳에 없었다. 그러나 건강한 두 아이와 자상한 남편이 있어 내 삶은 계속되었다. 아이들에게는 엄마 뱃속에 있던 아기가 아파서 하늘나라로 갔다고 설명해주었다.

어느새 두 달이 훌쩍 지나갔고 드디어 그토록 간절히 바라던 큰 집으로 이사를 가게 되었다. 삶이 다시 제 궤도를 찾아 안정되자 그동안 몇 번이나 들었던 말을 다시 듣게 되었다. "셸리, 나와 함께 우리 어머니를 찾아뵙지 않을래?" 마침내 나는 빌과 빌의 어머니와 저녁 시간을 보낼 수 있게 되었다.

따뜻한 8월 어느 날 저녁, 나는 빌과 함께 성조셉요양원으로 갔다. 빌은 어머니에 대해 쉬지 않고 이야기했다. 어머니가 얼마나 변했는지, 과거에는 어땠는지, 내가 어머니를 못 알아 볼 것이라는 것과 어머니가 자신을 못 알아본 지 오래되었다는 등 많은 이야기를 늘어놓았다. 빌은 어머니의 유머감각이 얼마나 뛰어난지 얘기하면서 어머니가 언제나 곱게 차려입었다는 것과 고집이 얼마나 센지도 말해주었다. 의사는 그녀에게 남은 삶이 그다지 길지 않다고 했다. 빌은 어머니 없는 삶을 상상조차 할 수 없었다. 그러나 알츠하이머병에 걸린 어머니는 어떤 의미에서 이미 빌의 곁을 떠난 지 오래되었다.

성조셉요양원에 도착하자 빌이 나를 어머니가 계신 병실로 안내했다. 병문안은 짧게 끝났다. 바싹 마르고 쪼글쪼글해져 껍데기만 남은 늙은 여인의 몸뚱이가 침상에 누워 있었다. 그녀의 눈은 룸메이트와 공간을 분리하기 위해 설치해놓은 커튼을 멍하니 바라보고 있었다. 그녀의 입술은 힘없이 뭐라고 중얼거리느라 살짝 떨렸다. 빌은 어머니 곁으로 바짝 다가가서 몸을 숙이고 속삭였다.

"어머니, 셸리 기억나세요?"

그녀의 눈은 여전히 멍했고 사람을 전혀 알아보지 못했다. 그저 누워서 몸을 떨고 신음하며 손가락으로 침대 바닥을 긁어댈 뿐이었다. 그런 어머니를 바라보는 빌의 서글픈 눈빛이 내 가슴을 더 아프게 했다. 내가 그 자리에 함께 있음으로써 빌이 어머니의 상태를 좀 더 현실적으로 깨닫게 된 것 같아서 마음이 좋지 않았다. 안절부절못하며 시계를 보던 빌이 말했다. "어머니가 제정신이 아니야. 이제 가야겠어."

나는 조금만 더 있다가 가자고 했다. 빌은 초조해하고 불안해 보였지만 그러자고 했다. 나는 아이린에게 다가가서 말했다. "어머니, 저 셸리예요. 빌의 친구예요. 빌의 직원이기도 하고요."

나는 그녀의 이마에 조심스럽게 손을 올린 다음 얼굴을 덮고 있던 가느다란 은발을 쓸어 올렸다. 내가 그녀의 손을 잡자 그녀의 떨림이 멈췄다. "아드님 참 잘 키우셨어요. 빌은 괜찮으니까 걱정 마세요. 좀 깐깐한 사장님이긴 하지만요."

빌은 그 말을 듣더니 미소를 지었다. 나는 몸을 기울여 그녀의 귀에다 속삭였다. "빌은 걱정하지 마세요. 잘 지낼 거예요. 이제 빌은 우리 가족이니까 우리가 어머니를 대신해서 보살펴줄 거예요." 나는 그녀의 이마에 가볍게 입을 맞춘 다음 빌이 작별인사를 할 수 있도록 뒤로 물러섰다.

집으로 돌아오는 차 안에는 침묵이 흘렀다. 그녀의 죽음이 임박했음을 알 수 있었기 때문이다. 빌은 사과를 해야 한다고 느꼈다. "미안해. 오늘은 어머니 상태가 많이 안 좋았어. 어머니는 지난 몇 달 동안 급격히 변했어. 좀 더 일찍 왔더라면 좋은 모습을 볼 수 있었을 텐데…." 나는 눈물을 흘리면서 대답했다. "좀 더 일찍 찾아뵈었어야 했는데… 정말 미안해요."

그로부터 일주일 뒤 빌에게서 전화가 왔다.
흐느껴 우는 바람에 빌의 말을 알아들을 수 없었다.
"어머니가… 의사가 전화했는데… 엄마가 죽는대… 지금 와줄 수 있을까? 나랑 같이 가줄 수 있어?"
"당장 갈게요." 나는 말했다.
우리가 요양원에 도착했을 때 아이린은 이미 숨이 멎어 있었다. 침대에 놓인 아이린은 전보다 더 멍한 표정으로 눈도 감지 못하고 허공을 응시했으며 볼은 푹 꺼져 있었다. 마치 유언이라도 하려고 안간힘을 쓰기라도 한 듯 입을 벌리고 있었다. 머리카락은 엉망으로 흐트러져 있었고 관절염에 걸려 굽은 손은 꼭 쥐고 있었다. 빌은 그런 어머니 모습을 볼 수 없었는지 침대 쪽으로 다가가 어머니를 끌어안으며 "어머니, 어머니"라고 외치며 흐느꼈다.

그 자리에 있기가 매우 난감했다. 마치 그림자 속에 숨어 있는 침입자처럼 그저 바라봐야 하는 내 자신이 너무 어색하게 느껴졌다. 어머니 시신 위에 엎드린 빌의 얼굴에 눈물이 강물처럼 흘러내렸다. 빌에게 혼자만의 시간을 주고 싶었지만 언제 내 도움이 필요할지 몰라서 그럴 수도 없었다. 나는 빌이 이 세상에 혼자 있지 않다는 것을 상기시켜주기 위해 그의 어깨에 손을 얹었다.

몇 분을 그렇게 더 있다가 우리는 요양원을 떠났다. 집으로 돌아오는 차 안에서 빌은 이따금 복이 멘 듯 흐느낄 때를 제외하고는 아무 말도 하지 않았다. 내가 그때 무슨 말로 빌을 위로했는지 기억나지는 않지만 빌이 흐느낀 횟수가 줄어든 것으로 봐서 내 위로가 도움이 되었던 것 같다.

다음 날 빌은 신부님과 장의사의 도움을 받아 장례식을 준비했다. 닷새 후 장례식이 치러졌고 나는 마지막으로 관에 누워 있는 아이린의 모습을 보여줄 때 빌의 옆에 서 있었다. 그러나 빌은 어머니의 마지막 모습을 보려 하지 않았다. 나는 빌을 친구들 옆에 남겨두고 관이 있는 쪽으로 걸어갔다. 아이린은 빌이 고른 아름다운 드레스를 입고 있었다. 머리카락은 단정하게 정돈되어 있었고 화장해서인지 얼굴색이 살아 있는 것처럼 보였다. 마치 낮잠을 자는 듯 평화로운 모습이었다. 닷새 전 요양원에서 봤을 때와는 전혀 다른 모습이었다. 시신을 묻기 전에 빌이 이 모습을 봐야 한다고 생각했다.

"어머니의 마지막 모습을 꼭 봐야 해요, 빌."

"어머니의 마지막 모습을 이런 식으로 기억하고 싶지 않아, 셸리. 나는 보고 싶지 않아." 빌이 말했다. "마지막으로 어머님께 작별인사는 해야죠." 나는 빌을 재촉했다. 빌이 예쁘게 단장한 어머니의 마지막 모습을 보면 그날 요양원에서 봤던 끔찍한 기억을 지우는 데 도움이 될 거라고 생각했다.

보기 싫다는 빌을 계속해서 설득했다. "제 말을 믿어요. 어머니는 젊고 아름다운 모습이세요. 어서 와서 어머니께 작별인사를 드려요." 빌은 결심한 듯 힘없이 걸었고 나는 그의 손을 잡고 관이 있는 쪽으로 다가갔다. 빌은 아름다운 어머니를 보고 깜짝 놀랐다. "이게 제대로 된 어머니 모습이야. 아름답지 않아? 고마워, 셸리." 빌은 어머니의 손에 입을 맞추고 볼을 쓰다듬었다. 그런 다음 몸을 숙여 어머니의 귀에 속삭였다. "안녕히 가세요, 어머니!"

빌은 어머니의 죽음에 의연하게 대처했다. 그는 다시 일상으로 복귀했고 꾸준히 노력해서 오늘날 많은 사람에게 모범이 되었다. 내 가족의 삶도 계속되었다. 1990년 5월 2일

셋째 딸 테레사가 태어났다. 빌은 죽음이 삶을 파괴할 수 없음을 가르쳐주었다. 아이린도 자신의 죽음으로 빌의 삶이 무너지는 것을 원치 않았을 것이다. 어머니에 대한 추억은 오히려 빌에게 삶의 원동력이 되어 빌이 위대한 세일즈맨이 되고 많은 사람에게 귀감이 되는 데 일조했다. 공로를 인정받아 상을 받을 때마다 빌은 항상 겸손하게 말한다.

"어머니께서 정말 기뻐하셨을 겁니다."

# 7장
# 혼자가 아니야

Door to Door

"잘할 수 있는 것,
그중에서도 가장 잘할 수 있는 것을
생각하세요."

 서부 포틀랜드의 경사진 인도와 주택 진입로를 터벅터벅 걸어 올라가는 빌을 보면 폭풍을 뚫고 혼자서 쓸쓸히 걸어가는 듯한 인상을 받는다. 비가 오나, 눈이 오나, 바람이 부나 아랑곳하지 않고 밖을 활보하는 사람은 빌과 우편집배원뿐이다. 우편집배원은 비행기, 트럭, 우체국 직원, 우편물 분리기 등의 지원을 전폭적으로 받는다. 하지만 빌은 그렇게 운이 좋지 못하다.

왓킨스에서 지원을 받긴 하지만 기본적으로 빌은 독립적으로 일한다. 아파도 그를 대신해 줄 사람은 아무도 없다. 비가 오거나 폭풍이 몰아치는 날에도 불편한 몸을 이끌고

집 밖으로 나서지 않으면 아무도 그를 대신해 물건을 팔아주지 않는다. 그런데 빌에게는 오랜 세월에 걸쳐 형성된 든든한 지원군이 있어서 신체적 약점에도 불구하고 세일즈 업무를 해낼 수 있었다.

나는 20년이 넘는 세월 동안 빌을 알고 지냈고 그와 함께 일했지만 1995년 11월 〈오레고니언〉에 실린 톰 홀먼의 특집기사를 읽고 나서야 지원군의 정체를 처음으로 알았다. 그리고 무척 놀라는 한편 당황스러웠다. 뇌성마비장애가 있는 사람이 어떻게 매일 반복되는 일상생활의 어려움을 극복하는지 그 놀라운 비밀을 밝혀내기 위해 홀먼 기자는 빌과 동행하며 밀착취재를 했다. 취재결과 몇 년에 걸쳐 필요와 상황에 따라 빌이 심사숙고하여 선발한 정예 지원팀의 명단은 예상보다 훨씬 길었다.

아픈 어머니를 요양원에 보내고 난 뒤 빌은 태어나서 처음으로 혼자가 되었다. 빌은 한 번도 장을 보거나 요리를 하거나 빨래를 해본 적이 없다. 이런 일들은 전적으로 어머니 몫이었고 빌은 자신이 가장 잘할 수 있는 일, 즉 세일즈에 전념했기 때문이다. 빌은 본업인 세일즈를 제대로 하면서 동시에 쇼핑이나 요리, 청소까지 하기에는 시간이 부족할 뿐 아니라 이 모든 일을 감당해낼 신체적 능력도 없음을 스스로 인정하고 대안을 고민했다. 빌은 친구, 이웃, 다니던 교회 신도들을 대상으로 구인광고를 냈다. 그러자 같은 교회에 다니는 신도 두 사람에게서 연락이 왔다. 빌은 그중 한 사람에게 쇼핑, 청소, 빨래를 부탁했고 다른 사람에게는 마당과 정원 관리를 맡겼다. 두 사람 모두 무료로 봉사해주겠다고 자청했다. 자원봉사자를 모집하려고 한 것이 아니었기에 빌은 적정한 임금을 지불하겠다고 고집했다. 빌이 굳이 수고비를 지불하겠다고 고집하는 이유는 정당한 대가를 지불할 때 더 나은 서비스를 받을 수 있기 때문이다.

빌은 노련한 고용주였다. 빌은 1961년부터 상품을 배달하기 위해 직원을 많이 고용했다. 1980년 빌이 그랜트고등학교 취업 게시판에 낸 구인광고를 보고 그 업무에 지원하면서 빌과 나의 인연이 시작되었다. 1987년부터는 집안 청소, 빨래, 장보기 등 다른 일들도 빌 대신 했다.

가끔 빌이 교회모임이나 사교모임에 나갈 때면 나는 빌의 커프스단추를 채워주거나 구두끈을 매어주기도 했지만 내가 해주기 전에는 그런 일들을 누가 해줬는지 한 번도 묻지 않았다. 아마도 그전까지는 손가락 상태가 좋아서 직접 했거나 누군가가 마법처럼 매일 나타나 그런 일들을 모두 해줬을 거라고 짐작했나 보다. 홀먼 기자는 후자가 진실에 가깝다는 것을 취재로 알게 되었다. 그는 포틀랜드 시내에 있는 빈티지 플라자 호텔까지 빌을 따라간 적이 있었다. 그곳에서 빌이 몇 년 동안 호텔 매니저의 도움을 받아 단추를 잠그고 넥타이를 맸다는 사실을 알게 되었다. 처음 호텔 매니저에게 도움을 청하던 때를 빌은 이렇게 회고한다.

"어머니를 요양원에 보낸 다음 날 뭘 어떻게 해야 할지 막막했어. 항상 내 옆엔 어머니가 계셨으니까. 어머니가 늘 와이셔츠의 커프스단추를 채워주셨고 넥타이도 매주셨거든. 어떻게 해야 하나 잠시 고민하다가 아이디어가 하나 떠올랐어. 웨스트 힐스로 가려면 시내에서 다른 버스로 갈아타야 하는데 그 버스정류장이 마침 빈티지 플라자 호텔 근처에 있었어. 나는 아침에 출근하면서 서류가방에 넥타이를 넣어가지고 호텔로 가서 매니저에게 넥타이 매는 것을 도와줄 벨보이가 필요한데 가능하냐고 물었지."

호텔 매니저인 크레이그 톰슨은 기꺼이 빌을 도와주었다. 월요일부터 금요일까지 매일 아침 8시가 조금 지나면 빌은 단추를 채우지 않은 채 넥타이가 든 서류가방을 들고 호텔 로비에 도착했다. 호텔 손님들과 직원들은 부산하게 로비를 왔다 갔다 했지만 빌은 항상 그 자리를 지키고 서 있었다. 유난히 부산한 날이면 빌은 최대한 방해되지 않도록 한쪽 구석에서 벨 보이 가운데 한 사람이 다가와서 도와줄 때까지 묵묵히 기다렸다. 그렇지만 기다림은 대부분 짧은 시간에 끝났다. 호텔 직원들은 그들이 단추를 채워주고 넥타이를 매주어야 비로소 빌이 하루 일과를 시작할 수 있다는 사실을 알기 때문에 가급적 빨리 도와주려고 애썼다.

호텔 직원들은 빌과 마음이 잘 통했다. 고객만족이라는 궁극적으로 동일한 목표를 공유하고 있었기 때문에 호텔 직원들과 빌은 근본적으로 서비스 종사자로서 나름대로 공감대를 형성하고 있었다. 빌은 모든 호텔 직원과 개인적으로 친분을 쌓게 되었다. 그들의 생일은 물론이고 어느 대학에 지원했는지, 결혼은 했는지, 자녀가 몇 명인지 등 시시콜콜한 사생활도 모두 훤히 꿰뚫고 있다.

크레이그 톰슨이 몇 블록 떨어진 5번가 스위트 호텔로 직장을 옮기자 빌 역시 그를 따라 호텔을 바꿨다. 크레이그도 매일 아침 익숙한 얼굴을 만나서 반가웠고 빌은 새로운 호텔의 직원들과도 금세 친구가 되었다. 넥타이와 단추 때문에 다른 사람들에게 도움을 청하는 것이 부담스럽지 않았느냐고 빌에게 물은 적이 있다.

"달리 방법이 없으니 도움을 청해야지 뭐. 전혀 부담스럽지 않아. 호텔 직원들은 이제 내 친구나 다름 없어. 나를 도와주는 것을 귀찮다고 생각하지 않아. 도움이 좀 필요하다고 해서 나를 다른 사람과 다르다고 생각하지는 않아. 그냥 내 일상의 한 부분일 뿐이지."

호텔 직원들은 이 작은 서비스에 대한 수고비를 거부했다. 한 푼도 받지 않겠다고 했고 놀랍게도 빌 역시 우정이라는 전제하에 이를 받아들였다.

옷을 제대로 입기 위해 다른 사람의 도움에 의지해야 하는 빌 이야기를 듣고 나서 나라면 그런 상황에서 과연 낯선 사람들에게 도움을 청할 용기가 있었을까 자문해보았다. 문득 누구나 부족한 면이 있고 다른 사람의 도움을 필요로 한다는 사실을 깨달았다. 다만 그것이 빌의 신체적 장애처럼 밖으로 확연히 드러나 보이지 않을 뿐이다. 신체 문제가 아니라 심리적 장애일 수도 있고 우리 스스로 그런 장애를 만들어내는 경우도 많다. 자신을 옭아매는 정신적 장애야

말로 신체적 장애보다 극복하기 더 어렵다는 것을 우리는 잘 알고 있다. 빌은 단지 커프스단추를 채워주고 넥타이에 넥타이핀을 꽂아줄 사람이 필요할 뿐이다. 그러나 우리는 훨씬 더 많은 도움이 필요하다. 삶에 대한 태도를 전면 수정해야 하고, 재창조하기 위한 휴식이 필요하며, 무엇보다 누군가의 격려가 절실하다. 자신을 바라보며 "도대체 뭐가 장애란 거지?"라고 반문하는 빌의 모습이 눈에 선하다.

〈오레고니언〉의 톰 홀먼 기자가 빌에 대해 기사를 쓰고 싶다고 했을 때 빌은 자신의 인생이 독자들의 관심거리가 될 수 있을지 의아해했다. 그로부터 몇 년이 지난 뒤에도 빌은 여전히 왜 자신이 사람들의 관심을 받는지 모르겠다는 반응을 보였다. 자신에게 쏟아지는 편지, 선물, 각종 상, 언론의 관심이 그저 놀라울 뿐이었다. 재정적으로 도움을 주는 사람도 있는데 이는 앞으로 발생할 의료비와 은퇴 후를 고려해 감사하는 마음으로 겸허히 받았다. 빌은 기업, 학교, 교회에서 자신의 이야기를 듣고 싶어 한다는 사실에 감동한다. 빌과 나의 합작 강연을 들은 프리메리카 파이낸셜 서비스라는 회사에서는 빌과 우리 가족을 디즈니랜드에 보내준 적도 있다. 이런 모든 변화에 대한 소감을 물으면 빌은 늘 이렇게 대답한다. "어머니가 살아 계셨더라면 무척 자랑스러워 하셨을 겁니다. 판매실적도 아주 좋아요. 아참, 그리고 스플래시 마운틴(통나무 보트를 타고 잔잔한 남부 늪지대를 지나가다가 갑자기 16미터 낙차의 폭포수를 따라 아래로 떨어지는 디즈니랜드의 코스-옮긴이)도 공짜로 타봤습니다."

빌은 자신이 수백만 명의 삶을 바꿔놓았다는 사실을 실감하지 못한다. 〈오레고니언〉 기사가 나간 뒤 여러 잡지와 뉴스 프로그램에서 빌의 이야기를 다뤘다. 그러다가 마침내 ABC 방송사의 〈20/20〉에까지 출연하게 되었다. 포틀랜드까지 직접 와서 빌과 인터뷰를 진행하고 촬영한 ABC는 1997년 12월 12일 '감동의 여정'이라는 제목으로 빌 이야기를 방송했다. 시청자들의 반응은 그 프로그램 역사상 가장 뜨거웠다. 시청자 수천 명의 감동적인 사연이라며 팩스, 전화, 이메일, 편지로 소감을 피력했다.

20년이 넘는 세월 동안 빌 대신 물건을 배달해주는 나를 천사라고 칭찬하는 이들이 많았다. 그럴 때면 나는 즉각 이렇게 응대한다.

"저는 절대 천사가 아닙니다. 저는 돈을 받고 일하는 거예요. 빌이 고용한 직원이죠. 빌은 제 상사고요."

빌과 나의 첫 합작 강연에서 나는 빌과 내가 고용인과 피고용인 관계라는 사실을 한참 설명하고 있었다. 그때 빌이 갑자기 끼어들더니 "셸리는 천사예요"라고 불쑥 내뱉었다. 옥신각신 선의의 언쟁이 시작되었다.

"저는 천사가 아니에요, 빌. 난 당신이 고용한 직원이죠"라고 내가 말했다.

평소에 말수가 적고 조용한 빌이 이렇게 대답했다. "셸리 없이는 나는 못 살아요." 나는 즉시 반격을 가했다. "말도 안 되는 소리예요. 저 없이도 몇 년을 잘 지내셨잖아요. 1980년 당시에 제가 아니더라도 누군가를 고용했을 거예요."

"하지만 나는 셸리 당신을 고용했지. 그리고 당신은 천사야."

나는 이 난처한 언쟁을 이렇게 마무리 지었다. "좋아요, 이제 그만하죠. 우리끼리 이런 말싸움하는 하는 걸 보려고 이 사람들이 비싼 참가비를 지불한 게 아니잖아요."

최근 샌디에이고 캘러웨이 골프(골프용품전문회사-옮긴이)에서 강연을 마친 뒤 나는 빌에게 특별히 덧붙여 해주고 싶은 말이 있는지 물었다. 빌은 이렇게 답했다. "자신의 핸디캡이

나 문제를 생각하지 말고 자신이 잘할 수 있는 것을 생각하세요. 그중에서도 가장 잘할 수 있는 것을 생각하세요. 그것이 제가 사는 방식입니다. 시간이 없거나 능력이 되지 않아서 못할 때는 그 일을 대신해줄 사람을 고용합니다. 셸리를 비롯해 여러 사람의 도움이 없었다면 그렇게 좋은 판매 실적을 거두지 못했을 겁니다. 제 이야기를 듣고 열한 명의 삶이라도 바뀔 수만 있다면 저는 정말 행복할 겁니다."

물론 그날 저녁 빌의 강연을 들은 사람들은 빌의 이야기가 몇 천 명의 삶을 변화시켰음을 충분히 짐작할 수 있었다. 〈오레고니언〉의 톰 홀먼 기자가 쓴 기사가 신문에 실리고 〈20/20〉에 출연한 이후 우리 삶은 온갖 행사, 출장, 강연일정으로 가득 채워졌다. 이 모든 것은 내가 상상했던 것 이상으로 즐거웠고 보람도 있었다. 그러나 몸은 하나뿐이고 시간은 똑같이 하루 24시간 주어졌으니 가정이 흔들리기 시작했다. 일도 성공적으로 잘해내면서 건강하고 행복한 가정도 유지할 수 있는 방법을 찾아야 했다. 내 손길을 기다리는 아이들이 여섯이나 되다 보니 일과 육아를 병행하는 것은 전쟁을 방불케 했다. 어떻게 하면 두 마리 토끼를 다 손에 쥘 수 있을지 고민하다가 역시 빌에게서 해답의 실마리를 발견했다. 두 마리 토끼를 잡아야 하는 '핸디캡'을 극복하기 위해 가족, 친구, 직장 동료들의 도움을 받을 수 있다는 사실을 새롭게 인식한 것이다.

처음 강연일정 때문에 지방으로 출장을 다니기 시작했을 때는 내가 집에 없는 동안 집안이 제대로 돌아가게 하려고 남편과 육아 도우미의 도움을 받았지만 체계가 없었다. 사랑하는 남편에게 아이들을 맡기고 떠나면서 죄책감에 시달렸다. 나를 대신해 여섯 명이나 되는 아이를 책임져야 하는 남편은 좋아하는 골프를 포기해야 했다. 초기에는 시간시간 집에 전화를 걸어서 아무 문제가 없는지 확인했다. 기저귀는 갈았는지, 시험성적은 잘 나왔는지 등을 수시로 확인했다. 그러고는 "사랑해, 이틀 뒤에 갈게"라고 말하고 급하게 전화를 끊어야 했다.

빌과 강연을 하기 시작하면서 내 자존감은 최고조에 달했다. 중요한 메시지를 전하기 위해 무대에 서고 싶다는 꿈이 실현되고 있었다. 그리고 나는 실제로 빌 포터의 삶 자체가 던져주는 그야말로 중요한 메시지를 전하는 전도사였다. 청중의 박수갈채를 듣고 있으면 가슴이 벅차올랐다.

의미 있고 보람 있는 일을 한다는 자부심과 희열을 느꼈다. 그러나 여전히 남겨두고 온 가족 걱정을 완전히 떨쳐버릴 수 없었다. 강연을 마치고 포틀랜드 국제공항에 도착하는 순간 충만했던 자존감과 성취감은 죄책감에 밀려 금세 자취를 감추곤 했다. 일과 가족을 하나로 묶을 수만 있다면 얼마나 좋을까! 그렇지만 아이들을 모두 강연장에 끌고 다닐 수는 없는 노릇 아닌가!

내 인생에서 가장 행복해야 할 날들이었지만 양육과 가사부담으로 일종의 정신적 장애를 겪으며 그 행복을 제대로 만끽하지 못했다. 나는 가정을 돌봐야 하는 책임자로서 가사일과 육아를 모두 내 손으로 직접 해야 한다는 강박관념에 사로잡혀 있었다. 그러나 결국 나는 빌의 제안에 따르기로 했다. 빌은 "나처럼 하면 되잖아. 사람을 고용해"라고 조언했다. 그리고 나는 그렇게 했다. 나는 필요할 때마다 가사 도우미를 고용했고 결과는 놀라웠다. 집안일을 직접 하지 못한다는 이유로 아내와 엄마 노릇을 소홀히 한다는 죄책감에 시달리지 않아도 되었고 집도 훨씬 깨끗해졌다.

한 달 강연 요청 건수가 평균 네 건에 이르자 서류작업, 출장준비, 비용처리, 강연준비 등을 혼자서 감당하기 어려워졌다. 침착하고 능숙하게 모든 예약업무를 처리해줄 사람이 필요했다. 다른 강사를 통해 빌과 나 같은 강사들을 대신해 일을 전문적으로 대행해주는 에이전시가 있다는 사실을 알게 되었다. 에이전시는 강사료 책정은 물론 모든 부수적 업무를 완벽하게 처리해주었다. 빌과 나는 강연에만 집중할 수 있었다. 대행 수수료가 전혀 아깝지 않을 만큼 에이전시는 부담을 많이 덜어주었다.

가족, 친구 그리고 다른 사람을 몇 명 고용해 도움을 받음으로써 가족과 더 많은 시간을 더 즐겁게 보낼 수 있게 되었을 뿐 아니라 강연에서 느꼈던 행복감을 고스란히 간직하며 다음 강연을 기쁘게 준비할 수 있었다. 빌은 다른 사람의 도움을 받는 것이 자신이 부족하다는 것을 의미하는 게 아니라는 사실을 가르쳐주었다. 또 나만이 그 일을 완벽하게 할 수 있다고 생각하지만 사실은 다른 사람들도 그 일을 충분히 할 수 있다는 사실도 깨우쳐주었다. 나 없이도 세상은 잘 돌아간다는 평범한 진리를 깨달은 것이다.

8장

# 사고의 연속

Door to Door

"고집스런 신념을 가지고
삶에 집중하세요."

소신과 아집은 종이 한 장 차이다. 빌은 매일 이 둘의 경계를 아슬아슬하게 넘나든다. 빌은 뭔가를 시도해서 효과가 입증되면 그것을 맹신하고 절대 바꾸지 않는다.

빌은 30년이 넘는 세월 동안 시계처럼 정확하게 짜인 생활패턴을 유지해왔다. 새벽 4시 45분에 일어나서 옷을 입고 아침밥을 먹고 신문을 읽은 뒤 라디오에서 날씨를 확인하고 어머니의 도움을 받아 넥타이와 단추를 채운다. 그런 다음 서류가방을 챙기고 코트를 입고 모자를 쓴 뒤 시내로 가는 7시 20분 버스를 타기 위해 집을 나선다. 버스에서 내려 세 블록을 걸어가 10번 버스로 갈아타고 8시 30분쯤 담당 판매지역인 포틀랜드의 웨스트 힐스에 도착한다.

자신의 판매지역에 발을 들여놓는 순간 빌은 머릿속에서 출근도장을 찍고 최소 8시간을 채우지 않으면 절대 퇴근하지 않는다. 하루 종일 가파른 언덕길을 오르락내리락하면서 현관문을 두드리고 초인종을 눌러댄다. 휴식시간은 없다. 그러나 어디에 있든 상관없이 오후 1시 30분이 되면 어김없이 점심을 먹는다. 과거에는 대개 성토마스 모어 교회 근처에서 점심을 먹었다. 교회 앞마당에 있는 벤치에 앉아 어머니가 싸주신 도시락을 먹곤 했다. 신부님과 성당 직원들은 빌이 도착하고 떠나는 것을 보고 시간을 짐작하곤 했다. 때때로 던바크 신부님이 빌 옆에 앉아 담소를 나누기도 했다. 빌은 주머니에서 회중시계를 꺼내 2시 30분이 되었는지 확인하고 자리에서 일어나 또다시 길을 나선다.

전에는 오후 6시 30분이면 하루 일과를 마감했지만 세월이 흐르면서 일하는 여성들이 늘어나다 보니 낮 시간에 빈 집이 많아졌다. 일을 마치고 귀가하는 고객들을 만나려다 보니 빌의 퇴근시간도 자연스럽게 늦어졌다. 마지막 방문하는 집의 문을 두드리는 시간은 대체로 저녁 8시 30분 이후가 되었다.

일을 마치고 집에 돌아오면 빌은 철저하게 짜놓은 계획에 따라 정확하게 돌아가는 낮 시간과 마찬가지로 세심하게 조율된 저녁 일정에 따라 움직인다. 먼저 어머니가 저녁 식사를 준비하는 동안 빌은 소파에 앉아 신발을 벗고 주문서를 훑어본다. 어머니는 누가 물건을 주문했는지, 누가 주문하지 않았는지, 왜 주문하지 않았는지 등 빌의 하루 일과에 대해 자세히 듣고 싶어 하셨다. 심지어 빌의 구두끈이 풀리지는 않았는지도 물어보셨다. 저녁을 먹을 때는 대개 라디오로 토크쇼나 스포츠 중계를 들었다. 저녁을 먹고 뜨거운 욕조에 몸을 담가 굽은 등과 뭉친 근육을 풀어준 다음 11시 이전에 잠자리에 들었다.

깔끔한 옷매무새를 완벽하게 마무리해줄 어머니가 돌아가시자 빌의 일상에 두 가지가 추가되었다. 우선 구두 닦는 곳에 들러 구두를 닦고 구두끈을 묶었다. 그런 다음 5번가 에버뉴 스위트 호텔로 가서 호텔 직원의 도움을 받아 단추와 넥타이를 해결했다. 일을 마치고 집에 돌아오면 라디오를 벗 삼아 냉동조리식품을 전자레인지에 데워 먹었다. 이발이나 쇼핑 등 예외적인 일에 시간을 할애한 경우에는 그 시간을 벌충하기 위해 그만큼 더 일했다.

10대 때 처음 빌의 일을 도우면서 나는 빌이 현상유지를 선호한다는 것을 금세 파악했다. 그래서 가구 위치를 바꾼다거나 자질구레한 집안 살림을 재배치할 생각은 일찌감치 접어야 했다. 한번은 빌의 집을 청소하면서 세면수건을 반대로 접은 적이 있다. 그러자 빌은 그날 저녁 내게 전화를 걸어 몸이 좋지 않느냐고 물었다. 수건을 잘못 접은 것을 보고 내가 아픈 게 아닌가 걱정했다는 것이다. 나는 미안하다고 사과했고 다시는 그런 실수를 하지 않았다.

왓킨스에서 멀티 마케팅 전략을 활용하라고 권고했을 때도 빌은 전혀 관심이 없었다. 자신의 세일즈 스타일과 맞지 않았기 때문이다. 8만 명이 넘는 왓킨스 세일즈맨이 멀티 마케팅 전략을 도입해 판매실적을 높였지만 빌은 신경 쓰지 않았다. 빌은 피라미드 조직처럼 한 세일즈맨을 정점으로 고객과 다른 세일즈맨을 네트워크로 묶는 소위 '다운 라인(down-line)'을 만들고 관리하느라 시간과 에너지를 쏟아 붓고 싶어 하지 않았다.

몇 년 전까지도 빌은 자동응답 전화기나 VCR, 전자레인지, 케이블 텔레비전, 무선전화기가 없었다. 빌을 후원하는 팬들이 그런 물건들을 선물로 보내주지 않았다면 아마 빌은 지금도 그런 물건들 없이 지낼 것이다. 이런 물건들을 직접 사용하기 전까지만 해도 빌은 현대문명의 이기에 대해 이렇게 공언했다.

"자동응답기가 무슨 필요가 있어? 그거 없이도 반세기를 잘 살아왔는데. 정말 중요한 일로 누군가 전화했는데 내가 집에 없어서 통화하지 못했다면 또 전화하겠지. 자동응답기가 있으면 상대하고 싶지 않은 사람이 메시지를 남겨도 전화해야 한다는 의무감이 생기잖아. 그런 기계를 내 집에 들여서 스스로 옭아맬 필요가 뭐 있어? 혹시 나한테 물건을 사겠다는 전화라면 또 모를까."

하지만 물건을 주문하겠다는 전화가 올 확률은 희박했다. 빌은 고객들이 필요한 것을 고객보다 더 잘 알기 때문이다.

빌은 VCR의 필요성을 여전히 공감하지 못한다. 친구가 ABC 방송의 〈20/20〉에 출연한 빌의 모습을 보고 싶어 한다거나 최근에 그가 했던 강연이나 시상식을 보고 싶어 할 때 VCR는 매우 유용하다. 그럴 때조차 빌은 손님이나 친구에게 VCR를 작동해달라고 부탁한다.

VCR과 관련해서 재미있는 일화가 있다. 어느 날 빌이

VCR이 고장 났다고 투덜거렸다. 테이프를 어렵게 집어넣었는데 화면도 나오지 않고 아무 반응이 없다는 것이다. 그럴 수밖에! 빌이 VCR에 밀어 넣은 것은 오디오 카세트테이프였다.

빌이 전자레인지를 선물로 받았을 때 나는 무척 기뻤다. 음식 준비 시간도 절약할 수 있고 빌이 음식을 좀 더 맛있게 먹을 수 있을 거라고 생각했기 때문이다. 그러나 빌은 3주 동안 전자레인지에 손도 대지 않았다. 그리고 2주 동안 문을 열고 닫는 실험을 한 뒤 몇 차례 반복해서 연습한 다음에야 전자레인지에 냉동조리식품을 데워 먹었다.

빌은 저녁식사로 두 가지 냉동조리식품을 먹기 때문에 여전히 오븐도 같이 사용한다. 전자레인지에 두 가지 음식을 넣고 데우는 방법을 알려주었지만 아무리 논리적으로 설득하고 강요해도 빌은 절대 자기 방식을 바꾸지 않았다. 비록 냉동조리식품이지만 오븐에서 30~40분 데워지기를 기다리는 동안 느끼는 알 수 없는 기대감 같은 것이 좋기 때문이다. 오븐에서 음식이 데워지기를 기다리는 동안 빌은 앉아서 신발을 벗고 신문을 읽고 휴식을 취한다. 그러는 사이 집 안에는 맛있는 음식 냄새가 가득 퍼진다. 그렇게 음식 냄새를 맡고 있노라면 어머니가 손수 정성스럽게 만들어주신 따뜻한 저녁밥을 먹은 기억이 떠오르면서 향수에 젖는가 보다.

케이블텔레비전은 빌이 선호하는 선물 가운데 하나다. 스포츠광인 빌은 블레이저 케이블 채널을 통해 포틀랜드 트레일 블레이저(미국 NBA에 소속된 프로농구팀-옮긴이)의 경기를 실컷 볼 수 있게 되었다. 빌은 스포츠 중계를 제외하면 거의 텔레비전을 보지 않는다. 스포츠 중계를 볼 때도 빌은 텔레비전 볼륨은 줄이고 라디오를 크게 켜놓는다. 고교시절 스포츠 기자를 했던 빌은 청취자의 머릿속에 그림을 생생하게 그려주고자 하는 스포츠 해설가의 심정을 잘 알기 때문이다.

빌은 무선전화기라는 현대문명의 이기에는 즉시 적응했다. 이 편리한 기계를 사용하기 전에는 내게 부탁할 쇼핑목록을 작성하느라 매달 많은 시간을 할애했다. 그런데 지금은 전화기를 들고 부엌 찬장을 열어보면서 필요한 물건을 내게 불러준다. 시간도 절약될 뿐 아니라 찬장마다 일일이 열어보고 필요한 물건을 확인하기 때문에 빠뜨릴 염려도 없다. 한번은 빌이 뒷마당에서 내게 전화를 걸어 정원의 꽃과 나무를 자세히 설명하며 무척 좋아한 적도 있었다. 그렇지만 빌이 전화통을 붙잡고 길게 수다를 떠는 일은 거의 없다. 편리하긴 하지만 무선전화기는 여전히 빌에게 낯설기만 하다. 빌에게 전화는 판매실적을 올려주고 세일즈 업무를 효율적으로 하도록 도와주는 업무장비일 뿐이다.

몇몇 후원자와 기업이 빌에게 컴퓨터를 선물로 주려고 했다. 빌의 집에 직접 컴퓨터를 설치해주는 수고까지 자청한 친절한 여성 후원자도 있었다. 빌은 컴퓨터를 사용해보려고 시도했지만 결국 자기 이름조차 제대로 써보지 못하고 포기하고 말았다. 아무리 좋은 컴퓨터도 그의 낡은 수동식 타자기를 밀어내지 못했다. 컴퓨터를 사용하면 주문관리나 실적관리가 한결 수월하다고 아무리 설명해도 빌은 그저 웃으며 말했다. "아니, 그렇지 않을 거야. 내 집에 그 물건을 들이지 않을 테니까."

첨단장비 사용에 관한 한 어쩌면 빌이 대다수 사람들보다 현명한지도 모르겠다. '시간을 절약한다'는 믿음으로 컴퓨터 앞에서 몇 시간 동안 열심히 작업했는데 프로그램에 문제가 생겨 파일이 훼손될 때면 빌처럼 수동식 타자기의 자판을 하나씩 콕콕 찍어가며 더디게 작업하는 낡고 비효

율적인 방식을 고수하는 것이 차라리 더 현명하지 않을까 싶은 생각도 든다.

빌은 단순하게 기계의 도움 없이 사는 삶이 때로는 더 행복할 수 있다는 사실을 가르쳐주었다. 빌은 이메일에 회신해야 하는 심적 부담도 없고 쓸데없는 텔레비전 프로그램을 녹화하느라 시간을 낭비하지도 않는다. 컴퓨터 하드웨어나 소프트웨어를 주기적으로 업데이트할 필요도 없다. 그는 사람들과 일대일로 직접 대면하면서 바쁘게 삶을 꾸려간다. 가상공간에서 수다를 떨 시간이 없다. 여유롭게 장미꽃 향기를 맡고 저녁밥도 밖에서 사먹지 않고 어쨌든 집에서 '요리'해서 먹는다. 문제가 없다면 바꿀 필요가 있을까?

가족 중에 누군가 다칠 때마다 나는 빌이 겪은 일을 말해준다. 한번은 빌이 고객의 집 앞 인도에서 넘어져 심하게 다친 적이 있다.

"발을 잘못 디뎌서 넘어지는 바람에 턱이 깨졌어. 피가 많이 나서 길바닥에 흥건했지. 친절한 고객이 나를 병원으로 데려다주고 의사가 올 때까지 내 옆에 있어주었어. 결국 일곱 바늘을 꿰맸어. 그 고객은 여자 분이었는데 치료가 끝나고 나서 쉬어야 한다며 나를 집에 데려다주겠다고 했지만 나는 일을 마치지 않았기 때문에 내 판매지역까지 태워다 달라고 부탁했어."

빌은 아주 덤덤한 어조로 이렇게 말했다.

예상대로 빌은 턱에 반창고를 붙인 채 여덟 시간의 하루 일과를 마치고 병원에서 치료받은 시간을 벌충하기 위해 평소보다 조금 늦게 귀가했다.

만약 내가 똑같은 사고를 당했다면 이야기의 결말은 완전히 달라졌을 것이다. 나는 곧장 집으로 돌아가 침대에 누워서 무선전화기로 남편에게 전화를 걸어 신음하며 너무 아파서 저녁식사를 준비할 수 없으니 퇴근하는 길에 피자를 사오라고 했을 것이다. 나는 발가락을 문턱에 세게 부딪치거나 손톱만 부러져도 엄살을 부렸다. 그러니 일곱 바늘을 꿰맸다면 적어도 일주일은 침대에 누워서 꼼짝 안 할 수 있는 절호의 기회였을 것이다. 화장실에 가거나 팝콘이 떨어졌거나 이메일을 확인할 때나 잠깐 침대에서 일어났을 것이다.

지금까지 빌이 침대에 누워 있는 모습을 본 것은 두 번뿐이기 때문에 고집불통인 빌이 턱을 꿰맨 채 물건을 팔러 돌아다녔다는 말을 듣고 가슴이 찢어질 듯 안타까웠다. 빌과 일하기 시작한 이후 14년 동안 빌은 한 번도 일을 쉰 날이 없다. 감기는 물론 독감에 걸려도, 관절염 때문에 통증이 심해도, 편두통 때문에 머리가 쪼개질 듯 아파도 빌은 절대 집에 누워 있지 않았다. 등이 굽어서 통증이 심한데도 빌은 몇 년 동안 세일즈하기 위해 하루 종일 걸었고 마침내 참을 수 있는 한계점까지 도달해서야 의사를 찾았다. 경구약부터 코르티손(관절염 등의 통증을 치료하기 위해 쓰는 호르몬제-옮긴이) 주사 요법까지 모든 방법을 동원해봤지만 소용이 없었다. 의사는 통증을 없앨 수 있는 방법은 수술밖에 없다고 했다. 수술이 잘못되면 다시는 걷지 못할 여지도 있다고 덧붙였다. 그런 위험을 감당할 수 없었던 빌은 수술을 미뤘다. 그렇게 몇 주가 지나고 몇 달이 가고 몇 년이 흘렀다. 결국 통증이 너무 심해서 빌은 수술에 따른 위험을 감수하고라도 수술을 받을 수밖에 없었다.

수술은 1993년 크리스마스 연휴가 지난 다음으로 미뤄졌다. 매년 연말에 실적이 우수한 세일즈맨에게 수여되는 상을 받아서 멋지게 그 해를 마무리하고 싶었기 때문이다. 빌의 건강보험은 보험료를 내지 못해서 몇 년 전에 이미 실효

되었다. 설상가상으로 더 미룰 수 없었던 집 수리비용을 마련하기 위해 주택담보대출을 다 갚은 집을 담보로 두 번째 대출까지 받은 상태였다. 1990년 그에게 접근한 고리대금업체 텔레마케터의 말에 속아 넘어가 모든 부채를 하나의 고금리 부채로 통합했다. 그 텔레마케터는 모든 대출을 하나로 통합할 경우 수표를 한 번만 쓰면 되니까 편리하다고 빌을 꼬드겼다. 그러나 통합대출의 금리가 너무 높아서 이자를 갚고 나니 재산세를 납부할 여유가 없었고, 빌은 대출회사에게 집을 압류당하거나 세금체납으로 집을 압류당할 처지에 놓였다.

그런데 1994년 1월에 척추수술이 예정되어 있었다. 빌은 재정은 물론 건강까지 파탄직전에 몰렸다. 어느 날 오후 빌은 꼿꼿한 자존심을 접고 내게 그 문제를 털어놓았다. 척추수술을 하게 되면 유일한 생계수단인 세일즈를 중단해야 했다. 생계 위협은 물론이고 다시 걷게 될지조차 불투명했다. 게다가 수술하고 나면 안정을 취하며 건강을 회복해야 할 텐데 퇴원 후 돌아갈 집이 남아 있을지 걱정해야 할 상황이었다.

남편과 나는 긴급 가족회의를 소집했다. 우리는 최근 저금리 주택담보대출상품으로 갈아타면서 대출금 가운데 일부를 빚처럼 집 수리비로 따로 떼어두었다. 그 당시 시에서는 하수구 정비사업의 일환으로 각 가정의 노후한 하수설비를 의무적으로 교체하라고 요구했다. 빌이 자신의 곤란한 처지를 털어놓기 전날 하수구 정비대금으로 4,000달러를 선납해 빌을 도와줄 여유가 없었다. 우리는 시의 하수정비사업 담당과에 전화를 걸어 선납한 대금을 환불해달라고 한 다음 그 돈으로 계약금을 지불하고 빌의 집을 우리가 매입하는 방법을 생각해냈다. 그 집을 사서 빌이 지불하던 대출이자보다 훨씬 싼 금액으로 다시 빌에게 월세를 주는 것이다.

우리는 이 방법을 빌에게 제안했다. 우리가 몇 마디 말을 꺼내기도 전에 빌은 자신도 똑같은 생각을 했다고 털어놓았다. 이후 며칠은 여기저기 전화하고 하수설비대금을 환불받고 온갖 서류를 작성하느라 정신없이 흘러갔다. 마침내 빌의 고리대출금과 체납된 재산세, 기타 잡다한 채무를 모두 변제할 자금을 확보했다.

1994년에 넷째 케빈 패트릭이 태어났고 먹여 살려야 할 입이 여섯으로 늘어났기 때문에 추가로 주택담보대출을 받기에는 부담이 상당했다. 그런 상황에서 또 대출을 받다니 지금 생각하면 참 무모한 짓이었다. 우리는 재정적으로 한계상황에 도달했다. 그러나 빌이 자기 몫만 충실히 해낸다면 이 모험은 충분히 승산이 있었다. 만약 빌이 수술 후 다시 일하지 못하게 된다면 맥도날드에서 아르바이트라도 할 각오가 되어 있었다. 우리는 의도한 바는 아니지만 그렇게 빌의 집을 인수하게 되었고 그것은 두 가지 이유에서 잘 결정했다고 생각했다. 첫째, 곤경에 처한 친구를 도와줄 수 있었고 둘째, 장기적으로 우리에게도 좋은 투자라고 생각했다.

수술은 성공적이었다. 의사는 빌에게 침대에 누워서 쉬고 계단을 절대로 오르내리지 말라고 당부했다. 빌은 의사의 당부도 무시하고 통증 때문에 어쩔 수 없을 때만 쉬었다. 다행히 빌은 빠르게 회복되었다. 퇴원하고 나서 두 달이 지나자 좀이 쑤신 빌은 결국 왓킨스 세일즈 업무를 다시 시작했다.

빌은 먼저 전화로 판매를 시작했다. 빌의 단골고객들은 기꺼이 빌에게 주문했고 한동안 왓킨스 상품배달에서 해방되어 장기휴가를 즐기겠다는 내 꿈은 물거품이 되었다. 빌은 다시 세일즈할 수 있다는 사실만으로도 기뻐했지만 직접 발로 뛰며 고객들을 만날 수 없다며 아쉬워했다. 전화로 주문을 받으면 일이 너무 빨리 끝나버리기 때문에 고객과 일대일로 대면하는 과정에서만 느낄 수 있는 소소한 즐거움을 누릴 수 없다. 사람들의 예상을 뒤엎고 1994년 5월 빌은 수술한 지 넉 달 만에 다시 거리를 활보하며 물건을 팔기 시작했다. 정상적인 사람도 그렇게 하기가 힘든데 뇌성마비가 있는 빌이 그렇게 빨리 회복하는 것을 보고 의사들조차 깜짝 놀랐다. 수술과 짧은 휴식을 뒤로하고 빌과 나는 다시 업무에 복귀했다. 사업은 술술 풀렸다.

1997년이 되자 빌과 나에게 새로운 모험이 기다리고 있었다. 〈오레고니언〉에 빌의 기사가 나간 지 1년이 넘었지만 여전히 그 기사를 읽고 새로운 고객들이 찾아왔고 언론의 관심도 식지 않았다. ABC의 〈20/20〉 제작팀은 자그마치 2억 명이 시청하게 될 빌의 인터뷰를 촬영하기 위해 우리를 방문했다. 전국에서, 심지어 해외에서도 강연 요청이 쇄도했다. 할리우드 영화제작자들과 배우들은 빌의 이야기를 영화로 만들고 싶다고 제안했다. 출판사에서는 나에게 빌의 이야기를 책으로 써보지 않겠냐고 제안했다. 7월 말 〈20/20〉와 인터뷰를 마친 지 정확히 일주일 후 빌은 자기 집 앞에서 발을 헛디디는 바람에 넘어졌는데 이를 미처 발견하지 못한 운전자가 빌을 들이받는 사고가 발생했다.

마치 지진 피해자들이 지진이 발생했을 당시 어디에 있었는지 정확히 기억하듯이 나는 빌이 사고를 당한 이후 벌어진 일련의 사건을 마치 어제 일처럼 생생하게 기억한다. 그 주는 시작부터 정신이 하나도 없었다. 딸의 결혼준비로 바쁜 친구를 도와주기로 약속했고, 우리 집에서 하숙할 일본인 교환학생이 도착할 예정이었고, 해마다 가는 가족 캠핑 준비로 너무나도 바쁘게 한 주가 시작되었다. 게다가 친구의 두 아이까지 떠맡았기 때문에 집안은 그야말로 아수라장이었다. 캠핑을 떠나야 하기 때문에 평소보다 이틀 정도 일찍 왓킨스 배달을 끝마쳐야 했다.

나는 아이를 일곱 명이나 몰고 슈퍼마켓으로 장을 보러 갔다. 빌 대신 장을 봐서 빌의 집으로 가져가 장본 것들을 정리하고 청소를 시작했다. 딸 미셸은 침대시트를 갈고 카트리나는 화장실 청소를 맡았다. 테사와 친구 아들 조이는 먼지털이 당번이었다. 케빈과 친구 딸 켈시는 막내 에리카와 놀아주었다. 나는 최대한 청소를 빨리 끝내기를 바라며 청소를 총감독했다. 빌이 2시 30분까지 집으로 와서 배달할 주소지들을 정확히 설명해주기로 했다.

배달일자를 바꾸는 것은 극히 드문 일이었다. 앞서 언급했듯이 빌은 뭐든 바꾸는 것을 싫어했다. 그러나 오랫동안 알고 지낸 친구에 대한 배려 차원에서 불가피한 사정이 생기면 빌도 얼마간 융통성을 발휘하기도 했다. 빌은 대개 화요일마다 배달할 집의 주소와 찾아가는 길을 타자기로 쳐서 내게 주는데 마침 월요일 내가 빌의 집을 청소하러 가니까 그때 빌이 불러주면 내가 받아 적기로 했다. 평소처럼 빌이 타자기로 그 내용을 다 치려면 자그마치 13시간이나 걸리는데 내가 받아 적으면 30분이면 충분하다.

빌은 월요일에 볼일이 몇 가지 있다고 했고 그 일을 마치고 늦어도 2시 30분까지는 집에 도착할 거라고 했다. 나는 1시까지 빌의 집에 도착할 거라고 했다. 그러면 빌은 틀림없이 1시 30분까지 집에 올 것이다. 빌은 내가 자기 집에 있을 때 같이 있는 것을 좋아하기 때문이다.

1시 30분이 지났는데도 빌은 나타나지 않았다. 의외였지만 2시 30분까지는 분명히 올 거라고 생각했다. 2시 30분이 지났지만 여전히 빌은 나타나지 않았다. 평소 빌은 시간 관념이 철저했기 때문에 몹시 걱정되었다. 도대체 빌은 왜 오지 않을까? 3시가 되자 우리는 청소를 끝마쳤다. 하지만 여전히 빌은 오지 않았다. 나는 긴장하기 시작했다. 왜 전화도 하지 않는 걸까? 도대체 무슨 일이 생긴 거지? 갈아타는 버스를 놓쳤나? 새로운 고객과 상담 중인가? 나는 온갖 이유를 생각해봤다. 빌은 전화도 없이 늦을 사람이 아니다. 지루해진 아이들이 슬슬 장난을 치기 시작하자 나는 청소한 집을 다시 엉망으로 만들지 못하도록 아이들을 뒷마당으로 내보냈다.

그때 차 한 대가 빌의 앞마당에 섰고 나는 문으로 달려갔다. 빌이 아니라 시부모님이 오셨다. 빌은 내 시부모님에게 마당과 정원 관리를 맡겼다. 시부모님은 새로 산 정원용 호스 영수증을 전해주러 들렀다고 했다.

시부모님도 빌을 보지 못했다고 했다. 그날 아침 시부모님은 마당에서 일했지만 빌은 이미 볼일을 보러 나간 뒤였다. 시부모님과 내가 현관문 앞에서 빌의 행방을 한참 추리하고 있는데 낯선 사람이 빌의 집 쪽으로 다가왔다. 그 순간 모든 것이 슬로모션으로 돌아가기 시작했다. 그 낯선 사람의 입에서 흘러나오는 말은 마치 원래는 45rpm의 속도로 녹음된 테이프를 그보다 훨씬 느린 33rpm으로 천천히 늘여서 듣는 듯한 느낌이 들었다. 마치 꿈을 꾸는 것처럼 모든 것이 초현실적으로 다가왔다. 그러나 이 꿈은 분명 악몽이었다.

"빌이 오늘 아침 차에 치였어요." 그 사람이 말했다.

나는 너무 놀라서 아무 말도 하지 못했고 잠시 침묵이 흘렀다. 그리고 잠시 뒤 나는 잃어버렸던 목소리를 되찾은 듯 물었다.

"빌은 괜찮아요? 어떻게 된 거죠? 지금 빌이 어디 있는지 아세요? 누가 그랬죠? 많이 다쳤나요?"

대답할 틈도 주지 않고 연방 질문을 퍼붓던 내가 드디어 말을 멈추자 그 사람이 대답했다. "구급차가 와서 싣고 가버렸어요. 이마를 다쳤는데 병원에 가지 않겠다고 구급차 운전기사랑 옥신각신 실랑이를 벌이더라고요. 겨우 설득해서 구급차에 실었어요." 그 사람은 빌이 어느 병원으로 실려 갔는지는 몰랐다. 나중에 알게 되었지만 그 사람은 빌의 이웃에 살았다.

그분에게 감사하다고 인사하고 집으로 달려가 전화번호

부를 뒤지기 시작했다. 우선 병원을 찾아서 전화를 걸었다. 세 군데에 전화해서 확인했지만 빌 포터라는 환자는 없다고 했다. 마침내 네 번째 병원인 임마누엘 병원에서 윌리엄 더글러스 포터라는 사람이 오전에 응급실에 실려 왔으며 엑스레이 촬영실로 이동했다고 확인해주었다. 그러나 이후 행방에 대해서는 알지 못했다. 나는 전화를 끊고 재빨리 아이들을 모두 밴에 실었다. 임마누엘 병원은 빌의 집에서 7분 거리에 있었다.

병원에 도착해서 확인해본 결과 빌의 이마에 난 상처는 꿰맸고 엑스레이 검사 결과 다른 문제는 없다고 했다. 하지만 빌이 아직 몸을 완전히 추스르지 못한 상태여서 자원봉사자에게 도움을 요청했다고 했다.

도대체 왜 아무도 내게 연락을 하지 않았는지 따져 묻고 싶었다. 아이들은 물 만난 고기처럼 신나서 계단 난간을 타고 미끄러져 내려오는 장난을 치거나 로비의 소파 위에서 뛰면서 난리법석을 떨었다. 자원봉사자의 집에 전화를 걸었지만 예상대로 자동응답기에 녹음된 메시지만 되돌아왔다. 빌의 묘연한 행방에 화가 난 나는 아이들에게 화풀이를 했다. 병원에서 퇴원했다면 도대체 지금 어디에 있을까?

왜 집에 오지 않을까? 나는 병원 안내직원에게 자원봉사자에게 연락해달라고 부탁했다. 몇 분이 지나자 자원봉사자가 호출을 받고 연락을 해왔다. 나는 빌이 어떻게 되었느냐고 물었다. 자원봉사자는 빌이 심하게 넘어졌으며 집에 가서 쉬라고 택시를 잡아주려고 했지만 빌이 거절했다고 했다. 몇 바늘 꿰맨 것뿐이니 볼일을 마쳐야 한다고 고집을 부렸다는 것이다. 나는 속으로 생각했다. '이 고집쟁이, 또 시작이군. 완전히 망가지지 않으면 절대 고치지 않는다는 신념 같은 빌의 고집!'

병원에서는 더 얻어낼 것이 없었다. 나는 배고프다고 보채는 일곱 명의 말썽꾸러기를 데리고 집으로 향했다. 가는 길에 혹시나 빌이 돌아왔을까 싶어서 빌의 집에 잠깐 들렀으나 집에 없었다. 빌이 사고 후유증으로 정신이 없어서 잠깐 시간관념을 상실했을 거라고 애써 나 자신을 안심시켰다. 그렇지만 그것은 어림도 없는 소리다. 빌은 절대 그럴 사람이 아니다. 내가 얼마나 걱정할지 뻔히 아는데 이렇게 연락이 없을 리 없다. 6시에 전화벨이 울렸다. 빌이었다.

"지금 어디에 있어요? 왜 전화도 안 했어요?" 내가 물었다.

빌의 말이 불분명해서 도대체 무슨 말을 하는지 알아들

을 수 없었다. "차에 치었어." 그가 말했다.

"알고 있어요. 하루 종일 찾았잖아요. 지금 어디 있어요?" 나는 재촉했다.

"프로비던스 병원이야. 시내에 볼일이 있어서 아침에 집을 나섰는데 도로에 발을 내딛자마자 차 한 대가 나를 향해 돌진해 와서 치는 바람에 바닥에 쓰러졌어. 운전자가 좌회전을 하려고 차를 옆으로 바짝 붙였는데 햇빛 때문에 눈이 부셔서 나를 못 봤다는 거야. 말도 안 되는 변명이지."

빌은 흥분한 목소리로 사고경위를 설명했다. 나는 그를 진정시키려고 노력했다. "빌, 그건 사고였어요. 그 사람도 죄책감을 느끼고 있을 거예요. 저는 절대 그런 일의 피해자도 가해자도 되고 싶지 않아요. 그래서 그 사람이 실제로 당신을 들이받았어요?"

"모르겠어. 그런 거 같아. 그 당시 버스 정류장에 두 사람이 서 있었는데 한 사람은 쳤다고 그러고 다른 사람은 차가 나를 치기 직전에 멈췄는데 내가 너무 놀라서 넘어졌다는 거야. 놀라서 넘어진 것 치곤 꽤 심하게 깨졌지."

"상처를 꿰맸다면서요. 다른 이상은 없어요? 그런데 왜 여태 병원에 있어요? 왜 집에 안 오냐고요? 전화는 또 왜 안 했어요?"

"구급차 기사가 굳이 병원에 가야 한다고 우기는 거야. 나는 쓸데없는 짓이라고 생각했지. 이마의 상처를 꿰매고 다리와 등에 통증이 있어서 엑스레이를 찍었지. 엑스레이 결과가 깨끗해서 이제 퇴원하겠거니 생각했는데 난데없이 자원봉사자가 나타나서 나보고 집에 가라는 거야. 나는 괜찮다고 말하고 병원을 나왔지."

"왜 집에 오지 않았어요? 통증이 있어요?"

"당연히 통증이 있지. 통증이야 늘 달고 사니까. 할 일이 태산 같은데 그깟 통증 좀 있다고 집에 갈 수는 없잖아?"

이 대목에서 말싸움을 해봤자 아무 소용없는 일이었다. 나는 빌이 왜 아직도 다른 병원에 있는지 그것이 알고 싶었을 뿐이었다. 그 이유를 빌이 계속 설명했다.

"병원을 나와서 볼일을 보러 다녔어. 알레르기 치료를 받으러 병원에 갔다가 은행에 들렀지. 그런데 걸을 때마다 통증이 심해지더니 이내 아파서 걸을 수 없었어. 엄청난 통증이 밀려오면서 길바닥에 쓰러졌어. 엉덩이 쪽에 칼로 쑤셔대는 듯한 통증을 느꼈어. 지나가던 사람이 구급차를 불렀지. 그때는 순순히 구급차에 올라타지 않을 수 없었어. 그래서 프로비던스 병원에 실려 왔는데 엑스레이 사진을 또 찍을 거래."

나는 빌에게 전화해줘서 고맙고 큰 문제가 없어서 다행이라고 말했다. 그런데 빌이 내 말을 가로채더니 내게 전화한 진짜 이유를 밝혔다. 배달할 집의 위치를 설명해주려고 전화한 것이다. 이럴 수가! 빌은 첫 번째 방문할 집부터 설명했다. "도슈 파크로드로 나가서 브라이들마일 래인에서 우회전하면…." 나는 빌이 말하는 대로 받아 적을 수밖에 없었다. 그런데 수화기 너머로 간호사의 목소리가 들렸다. "포터 씨 지금 바로 엑스레이 촬영실로 가셔야 합니다." 빌은 사진촬영을 마치고 병실에 돌아오면 다시 전화해서 나머지 위치를 설명해주겠다며 전화를 끊었다. 나는 그런 빌의 모습에 감동해서 조용히 미소를 지었다.

잠시 후 빌이 다시 전화했다. 엑스레이 검사 결과 엉덩이뼈가 골절되었다고 했다. 엑스레이 촬영기사의 말에 따르면 골절부위가 아주 애매해서 처음 갔던 병원에서 발견하지 못했을 거라고 했다. 즉시 수술해야 했기 때문에 빌은 급히 나머지 집들의 위치를 설명해주었다. 진통제 때문에 빌의 발음이 불분명해서 거의 알아들을 수 없었다. 배달을 꽤 오래하다 보니 그 지역 지리와 고객들에 대해 어느 정도 알고 있었다. 나는 길을 잃지 않고 모든 상품을 제시간에 정확하게 배달할 테니 걱정하지 말라고 빌을 안심시켰다.

이후 두 달 동안 빌은 어머니의 죽음 이후 가장 힘든 시간을 보냈다. 일주일 뒤 빌은 온몸이 멍투성이가 되어 퇴원했지만 여전히 씩씩했다. 의사는 빌에게 걸을 때 반드시 보조기구를 사용하고 계단은 피하라는 엄명을 내렸다. 빌이 2층에 있는 화장실까지 가지 않아도 용변을 볼 수 있도록 자원봉사자가 휴대용 변기를 가져다주었다.

하지만 척추수술을 받았을 때와 달리 회복속도가 빠르지 않았다. 퇴원하고 집에 돌아온 지 이틀 만에 상태가 급격히 악화되었다. 빌은 내게 전화를 걸어서 어지럽고 메스껍다고 했다. 빌의 멍든 눈과 다리 사진을 찍어서 "나한테 함부로 덤볐다간 이런 꼴을 당한다!"라는 제목의 포스터를 만들어야 한다고 빌과 함께 농담하며 웃다가 겨우 두 시간 전에 집에 돌아왔기 때문에 빌의 전화를 받고 깜짝 놀랐다.

나는 급히 달려가서 빌을 침대에 눕혔다. 빌에게 휴식이 필요하다는 데 의견이 일치했다. 그러고 나서 집에 돌아오자마자 빌의 이웃이 전화를 했다.

"큰일 났어요! 다시 와주셔야겠어요. 빌의 집 열쇠가 없어서 안으로 들어갈 수 없어요."

내가 도착했을 때 빌은 심한 구토로 호흡이 곤란한 상태였다. 어지러워하고 안색은 창백해졌다. 그런 빌을 본 나는 겁에 질려 119에 전화를 걸었고, 구급차가 와서 빌을 병원으로 실어갔다. 나는 문단속을 하고 집으로 돌아와서 의사의 연락을 기다렸다.

그 일이 있은 후 6주가 어떻게 지나갔는지 기억나지 않는다. 균형감각에 문제가 생겨서 빌은 병원 복도를 제대로 걸을 수 없었다. 병원에서는 빌이 집에서 혼자 지내는 것은 당분간 무리일 거라고 했다. 24시간 간병인이 상주하고 물리치료를 적극적으로 받을 수 있는 요양시설에 들어가라고 권했다. 빌은 그 제안을 고집스럽게 거부했다. "누군가가 집에서 나를 돌봐줄 수는 없습니까? 병원에서 처음에 말했던 것처럼 간호사가 일주일에 두 번씩 집으로 방문해서 물리치료를 해주면 안 될까요?"라고 빌이 물었다.

나는 빌이 어지러워하기 때문에 혼자 있다가 낙상할 위험이 있으며 엉덩이를 다시 다칠 수도 있다고 설명했다. 전문 요양시설에 들어가면 일주일에 두 번이 아니라 하루에 두 번씩 물리치료를 받을 수 있고 따라서 회복속도가 훨씬 빠를 것이다. 내가 하루 종일 곁에서 빌을 도와주고 싶었지만 지방으로 여행 갈 계획이 잡혀 있고 아이들도 돌봐야 했기 때문에 그럴 수 없었다. 내가 자주 가서 빌을 돌봐주겠지만 빌은 그보다 훨씬 더 많은 도움이 필요했다.

"빌을 전문가의 손에 맡겨야 그나마 제가 안심이 될 것 같아요. 제발 그렇게 하세요." 나는 빌에게 애원했다. 게다가 성인요양시설을 이용하면 노인의료보험에서 전액 지원 받을 수 있지만 자택요양비용은 거의 지원받지 못한다.

끈질기게 설득한 끝에 빌은 마지못해 시설에 들어가기로 했다. 그리고 나서 빌은 완전히 낙심했다. 마치 세상이 자신을 포기하기라도 한 것처럼 깊숙한 자신만의 동굴로 숨어버렸다. 아무리 재미있는 농담을 해도 소용없었다. 빌로서는 폐품을 한데 모아 버리듯이 세상이 원하는 곳, 즉 시설에 자신을 가둬놓고 평생 그곳에서 살라고 강요하는 것처럼 느꼈을 것이다. 그러나 그것은 사실과 전혀 달랐다. 우리는 하루 빨리 빌이 시설에서 나오기를 바랐다. 빌이 빨리 완쾌되어 늘 그랬듯이 우리에게 자극제가 되기를 바랐다.

언제부터 상황이 호전되기 시작했는지 기억조차 나지 않는다. 몇 달이 지나자 빌이 서서히 마음의 문을 열고 자신만의 동굴에서 나오기 시작했다. 빌은 끊임없이 "난 여기 있으면 안 돼. 다시는 내 집 앞마당을 보지 못할 거야"라고 했는데 그 말을 하는 횟수가 점점 줄어들면서 건강을 회복하는 데 집중했다. 예순다섯 번째 생일 하루 전날 빌은 생애 최고의 생일 선물을 받았다. 집으로 돌아가게 된 것이다. 상태가 호전되었고 모든 것이 정상으로 돌아온 것 같았다.

한 달 후 빌은 자신의 영역을 다시 탈환할 준비가 됐다고 생각했다. 비 오는 10월 어느 날 빌은 또다시 길을 나섰고 나는 거리의 조그만 턱부터 지나가는 차에 이르기까지 모든 것이 걱정스러웠다. 그날 저녁 나는 빌에게 전화를 걸어 어떻게 되었는지 물었다. 빌의 목소리가 다른 때와 너무 달랐다. 목소리에 활기나 열정이 전혀 느껴지지 않았다. 그다음 빌의 입에서는 내가 전혀 상상하지 못했던 말이 나왔다. "안 되겠어, 셸리. 노력했지만 할 수 없어."

빌은 그날 일을 이렇게 설명했다. "버스를 타고 내 담당 지역으로 가서 걷기 시작했어. 한 걸음, 한 걸음 옮길 때마다 고통이 점점 심해졌고 결국 길바닥에 앉아서 쉴 수밖에 없었어. 반나절도 못 돼서 나의 세일즈 인생은 끝났음을 깨달았지. 간신히 힘을 내서 버스 정류장까지 다시 돌아왔어. 늘 걷던 길을 힘들어서 더는 걸을 수 없어. 어떻게 해야 할지 모르겠어."

상처 입은 친구의 영혼을 생각하면서 그날 밤 나는 잠을 이룰 수 없었다. 이 문제를 어떻게 풀어야 할지 고민했다. 하지만 그 고민은 그리 오래하지 않아도 되었다. 다음 날 빌이 스스로 해결책을 제시했다.

"결심했어, 셸리. 전화판매를 시작할 거야. 3년 전 허리 수술을 했을 때도 그렇게 했으니까 다시 하면 돼."

빌은 자신의 계획대로 실천했다. 그리고 방문판매만큼, 아니 오히려 그 이상의 성과를 얻었다. 나는 빌이 주문받은 물건을 열심히 배달했다. 주문량이 너무 많아서 남편 존과 아이들까지 배달에 동원해야 했다.

1997년 12월 12일 ABC의 〈20/20〉와 인터뷰한 내용이 방송될 무렵 사고를 당한 지 다섯 달 만에 빌은 예전의 모습을 되찾았다. 사고를 당하기 전에 반복되던 일상은 대부분 성공적으로 복원되었다. 시도해서 성공했다면 빌은 그

것을 바꾸려 하지 않는다. 엉덩이뼈 골절이나 척추수술처럼 불가피한 변화에 대해서는 자신의 행동을 바꾸기도 하지만 약간의 변화일 뿐이다.

고집스러운 집념은 빌이 삶에 집중하고 궤도를 벗어나지 않도록 해주는 원동력이다. 어느 날은 자기가 가장 좋아하는 팀이 하필 토요일 오후에 경기한다며 경기를 보지 못하는 것을 무척 아쉬워했다. 토요일 오후는 고객들에게 확인 전화를 돌리는 날이기 때문이다. 나는 빌에게 스스로 정한 규칙이니 필요하면 일정을 조정해서 나중에 전화하고 경기를 보라고 했다. 그는 무슨 정신없는 말을 하느냐는 표정으로 나를 바라봤다. 문제가 없으면 절대 바꾸지 않는다는 빌 포터의 철칙을 알았더라면 그런 말은 절대 하지 않았을 것이다.

## 9장
# '장애'라는 말은 존재하지 않는다

Door to Door

> "'장애'라고 생각하는 것,
> 그것이 장애입니다."

우리가 했던 첫 강연의 제목은 '장애를 딛고 최고 세일즈맨으로 성공한 빌 포터의 인생 이야기'였다. 나는 강연을 완벽하게 준비하고 싶었다. 그래서 노트북을 준비하고 빌에게 몇 가지 질문을 했다. "빌, 자신에게 장애가 되는 것들을 죄다 말해주세요."

한참 동안 빌은 아무 말이 없었다. 노트북만 쳐다보고 있던 나는 고개를 들어 빌을 봤다. 빌은 나를 물끄러미 보고 있었다. 나는 질문을 반복했다.

그러자 빌은 목소리에 힘을 잔뜩 주면서 이렇게 말했다. "도대체 몇 번이나 말해야 알아듣는 거야? 장애가 되는 건

아무것도 없어. 그러니까 다른 질문을 해."

우리는 이 문제를 놓고 15분 동안 티격태격했다. 나는 빌에게서 내가 원하는 대답을 듣기 위해 질문을 교묘하게 바꿔보기도 했다. 나는 뇌성마비, 근육공조 장애, 등의 통증, 발음 문제 등 신체장애를 예상답안으로 염두에 두었다. 내 작전은 빌에게 통하지 않았다. 빌은 말장난에 속지 않았다. 빌은 어떤 장애도 없다고 진실로 굳게 믿기 때문이다.

빌이 인생에서 어려운 장애를 극복했기 때문에 사람들은 그를 존경한다. 나는 그 사실을 알기 때문에 청중을 감동시킬 만한 소재를 끄집어내고자 했다. 사람들은 빌을 영웅시한다. 그는 엄청난 불행에 당당하게 맞서 싸웠고 멋지게 승리했다. 그래서 사람들은 그를 희망과 용기를 주는 전도사로 추앙한다. 나는 청중 가운데 살면서 장애를 만난 사람들이 있다면 빌을 보고 용기를 얻어 그 장애를 극복하기를 바라는 마음으로 강연을 준비하려 했다.

그러나 빌의 고집 때문에 강연에 접근하는 방식을 바꿀 수밖에 없었다. 빌이 어떻게 장애를 극복했느냐가 아니라 장애를 장애로 인식하지 않는 그의 태도를 강연의 초점으로 재설정해야 했다. '장애'라는 말은 빌의 사전에 존재하지 않았다. 빌은 목적지나 목표에 도달하지 못하도록 앞을 완전히 가로막는 것만이 장애라고 인식했다. 그런데 빌은 물리적 장소이건 판매목표든 항상 자기 목표를 달성하기 때문에 자신에게는 '장애'가 없다고 여긴다. 한마디로 빌에게 불가능한 일은 없다.

어린 시절 부모님께서는 대통령이든 수영선수든 내가 원하면 뭐든지 될 수 있다고 말씀하셨다. 물론 부모님께서 그 말을 하실 때는 진심이었을 거라고 믿지만 그런 말을 가슴 깊이 새기지는 않았다. 내가 대통령이 되는 일은 없을 것 같았으니까. 내게 자신감을 심어주려고 한 부모님에게 감사하게 생각하지만 내 꿈은 그보다 훨씬 현실적이고 실현 가능한 것들이었다. 예를 들면 대학을 졸업하고 다복한 가정을 꾸리고 보람 있는 일을 하는 것들이다. 요즘 대선 행태나 대통령을 보면서 누가 대통령이 되기를 꿈꾸겠는가?

그러나 빌은 나와는 전혀 달랐다. 빌은 자신이 여덟 살 때 어머니가 한 말을 토씨 하나 틀리지 않고 기억한다. "빌, 네가 마음만 먹으면 원하는 것은 뭐든 이룰 수 있어." 그리고 빌은 어머니 말씀을 전적으로 믿었다. 난관(장애가 아님에 유의하기 바란다)에 부딪힐 때마다 그것을 대하는 빌의 태도를 보면 빌에게 깊숙이 뿌리박힌 긍정의 힘을 느낄 수 있다. 다음 일화에서도 이 점을 확인할 수 있다.

몇 년 전 알래스카에서 지독한 추위를 동반한 눈 폭풍이 불어 닥쳐 포틀랜드 거리를 장악한 적이 있다. 빌은 텔레비전에서 일기예보를 보아 폭풍에 대해 알고 있었다. 그러나 극단적인 낙천주의자인 빌은 기상청에서 폭풍의 위력을 과대평가했다고 생각했다. 빌은 여름철 일기예보에 대해서도 실제보다 낙관적으로 해석하는 경향이 있다. 일기예보에서 최고기온이 32도까지 오른다고 하면 빌은 "그 정도면 서늘하네"라고 했다. 날씨에 따라 의상이 결정되고 우산이나 코트를 준비해야 하기 때문에 날씨는 빌에게 매우 중요하다. 눈보라가 치던 그날도 빌은 어김없이 옷을 말끔하게 차려입고 일정대로 움직였다. 만나는 고객마다 눈보라가 불어 닥칠 것 같으니까 오늘은 그만하고 집으로 돌아가라며 빌을 걱정했다. 하지만 빌은 그야말로 방문판매하기에 완벽한 날이라고 생각했다. 날씨가 궂으면 사람들이 밖에 나가지 않고 집에 있기 때문이다.

하루 판매목표를 초과달성 하고서야 빌은 집으로 돌아갈

차비를 했다. 그러나 이번에는 빌의 예상이 빗나갔다. 폭풍 때문에 버스가 운행되지 않아서 차를 얻어 타고 집으로 돌아와야 했다. 날은 몹시 춥고 땅은 젖어서 도로가 미끄러웠다. 빌이 자기 집 현관문으로 연결되는 가파른 진입로에 도착해 보니 진입로가 아이스링크처럼 얼음판으로 변해 있었다. 빌은 진입로를 걸어 올라가려고 여러 차례 시도했지만 계속 미끄러졌다. 신발이 계속해서 미끄러졌다. 몇 차례 심하게 넘어지고 나서야 빌은 엎드려서 겨우 현관문까지 기어갈 수 있었다. 마침내 열쇠로 문을 열고 집안으로 들어가서 저녁을 준비하면서 빌은 다음 날 일기예보를 주의 깊게 들었다.

자신의 집 진입로에서 기어가는 빌의 모습은 내 마음속에 한 장의 사진으로 영원히 각인되었다. 그렇게 힘든 상황에서도 도움을 청하지 않았다고 혼냈더니 빌은 이렇게 대꾸했다. "그게 뭐 대수라고? 누구라도 그렇게 엎드려서 기어갈 수밖에 없었을 텐데."

장애에 절대 굴하지 않는 빌의 모습은 저녁식사를 끝낸 다음 반복되는 저녁 일상에서도 확인할 수 있다. 앞서 언급했듯이 빌은 자신의 신체적 한계를 알기 때문에 시간이 너무 걸리거나 버거울 일은 사람을 고용해서 해결할 정도로 현명한 사람이다. 예를 들어 빌은 운전을 못하기 때문에 빌이 주문받아온 물건은 내가 내 차로 고객에게 배달한다. 빌이 직접 하면 시간과 노력이 너무 들기 때문에 정원관리는 정원사에게 맡긴다. 가사 도우미를 고용해 집을 깨끗하게 청소하고 냉장고는 좋아하는 음식(대개는 냉동식품)으로 가득 채워놓는다. 나는 지난 15년 동안 빌의 가사 도우미로 일했고 이제 내 아이들이 그 일을 돕고 있다.

빌은 다른 사람을 고용해 일을 해결하는 데 익숙하지만 내가 아무리 설득해도 고객의 주문내역을 타이핑해줄 비서는 절대로 고용하지 않는다. 빌이 독수리 타법으로 주문서를 작성하는 모습을 지켜보고 있으면 속이 다 뒤집어질 지경이다. 초보 타이피스트라 하더라도 몇 분이면 주문서를 다 작성할 것이다. 그런데 빌은 몇 시간씩 걸려서 모든 걸 직접 정리하고 때로는 주문마다 어이없을 만큼 세세한 내용까지 기록한다. 예를 들면 이런 식이다. "진입로로 들어간다. 대문을 연다. 뒷문 옆에다 물건을 놓는다. 나오면서 대문을 닫는다." 나는 그렇게까지 세세하게 적을 필요가 없다고 말하지만 빌은 여전히 이런 내용을 적어 넣는다.

빌의 형편없는 타이핑 솜씨를 자세히 묘사한 〈오레고니언〉 기사가 나간 뒤 무료로 타이핑 작업을 도와주겠다는 전문 타이피스트들의 제안을 여러 차례 받았다. 그러나 빌은 그런 호의를 모두 거절했다. 완벽함과 정확성을 추구하는 빌은 모든 것을 직접 타이핑한다. 모든 주문서를 직접 손으로 타이핑하면서 빌은 일종의 희열을 느끼는 모양이다. 빌은 고통스럽고 지겨워서 장애라고 여길 법한 타이핑 작업을 오히려 그날 하루를 정리하고 다음 날을 계획하는 일종의 휴식이라고 생각한다. 이 사례에서 볼 수 있듯이 빌은 장애를 장애로 인식하지 않고 오히려 긍정적인 에너지로 변화시키는 특별한 능력이 있다.

이러한 빌의 능력이 소진되었다고 믿을 뻔한 사건이 있었다. 빌과 나는 〈오레고니언〉에 실린 '어느 세일즈맨의 삶'이라는 기사가 빌의 삶에 긍정적인 변화를 많이 주었음을 인정하지 않을 수 없다. 그러나 1995년 11월 27일 일요일자 〈오레고니언〉에 처음 그 기사가 나갔을 때 빌은 매우 불편해했다. 나는 많은 사람이 귀하고 자랑스러운 내 친구 빌 포터에 대해 알게 되는 것이 무척 흥분되고 기뻤다. 물론 빌의 신체장애를 자세히 묘사한 부분 때문에 빌이 언짢거나 속상할까 봐 걱정되긴 했지만 빌이 그 정도로 상처받을 줄은 예상하지 못했다.

기사가 나가던 날 아침 빌에게 전화했는데 빌은 기분이 좋지 않아 보였다. 기사가 마음에 들지 않았던 것이다. 빌은 자신을 괴기스러운 인물로 묘사했다고 생각했다. 빌을 가장 화나게 한 대목은 신체장애를 묘사하면서 '뒤틀린'이라는 단어를 사용했다는 점이다. 빌은 자부심이 강했고 그것은 이유 있는 자부심이었다. 빌은 자신을 뇌성마비에 따른 신체장애로 고통 받는 장애인으로 보지 않는다. 그리고 실제로 그는 지극히 세련되고 우아한 사람이다. 나는 빌에게 그 기사가 호의적으로 잘 쓴 편이라고 설명하느라 한 시간 반 동안 진땀을 뺐다.

"기자가 '뒤틀린'이라는 단어를 쓴 것은 말로 그림을 그리듯 설명해서 뇌성마비가 뭐고 동반되는 신체적 불편이 무엇인지 독자들이 더 잘 이해하도록 돕기 위해서였어요." 나는 빌의 심기를 건드리지 않으려고 조심스럽게 설명했다.

"내 친구들이나 고객들은 나를 그런 식으로 보지 않는다고. 내 몸이 뒤틀렸다고 생각하지 않는단 말이야. 왜 그 기자는 꼭 그 단어를 써야 했느냔 말이야." 빌은 불만스럽게 대꾸했다.

지금까지 빌이 그렇게 화난 모습을 본 적이 없다. 빌은 모든 장애를 극복할 거라는 내 믿음이 사라지려는 순간이었다. 빌은 쉽게 흥분을 가라앉히지 못했다. 게다가 침대 옆에 놓인 협탁을 묘사한 대목도 빌의 심기를 불편하게 했다. 홀먼 기자는 기사에서 '끊임없이 고통에 시달리는 육신을 지탱해줄 온갖 약들이 어지럽게 널려 있는 협탁'이라고 표현했다.

"나는 끊임없는 고통에 시달리지 않는단 말이야!" 빌의 언성이 높아졌다.

"맞는 말이잖아요. 항상 통증 때문에 고생하잖아요. 한 발짝 물러나서 자신을 좀 더 객관적으로 바라보세요. 일주일에 최소한 이틀은 편두통에 시달리고 거의 매일같이 관절염이 도지고 등도 아프잖아요. 의사를 포함해서 보통 사람들은 그런 걸 지속적인 고통이라고 보거든요." 나는 이렇게 반박했다.

며칠이 지나도 빌은 〈오레고니언〉 기사 때문에 화가 나 있었다. 톰 홀먼은 빌의 그런 반응을 전해 듣고 무척 당황스러워하고 걱정했다. 홀먼 기자는 정반대 반응을 기대했기 때문이다. 홀먼 기자는 빌을 진심으로 존경했기 때문에 빌을 만나서 오해를 풀어주고 싶어 했다. 그는 빌이 자신의 진정한 의도를 알아주기를 바랐다. 그는 단지 독자들이 빌의 신체적 제약을 정확히 이해함으로써 빌의 위대함을 더 절실히 느끼게 하기 위해 그런 표현을 썼을 뿐이다. 어느 쪽도 나무랄 수 없는 딜레마에 빠진 것이다. 빌은 자신에게 신체적 제약, 다시 말해 장애가 있지 않다고 생각한 반면 홀먼 기자는 사실을 있는 그대로 정확히 전달해야 하는 저널리스트였다. 빌에게 뇌성마비가 있다는 것은 객관적인 사실이다.

그 기사를 읽은 700명 이상의 독자가 편지, 이메일, 전화로 〈오레고니언〉에 연락해서 빌의 고객이 되고 싶다는 의사를 표시했음을 알고 나서야 기사에 대한 빌의 시각이 바뀌었다. "홀먼 기자에게 나쁜 뜻은 없었던 것 같아"라고 빌이 나중에 고백했다. 빌은 한 손가락으로 밀려드는 신규 주문서를 타이핑하느라 고생스러워했지만 기분은 좋아 보였다. 빌은 미국 태평양 연안 북서부 지역의 모든 판매기록을 갈아 치웠다. "사실 등이 자주 아프기는 하지"라고 빌은 나중에야 인정했다.

최근에는 건강이 악화되어 비행기로 이동하는 횟수를 줄여야 했다. 극복하지 못하는 장애가 있음을 인정하는 것이 빌에게는 쉬운 일이 아니었다. 다행히 남편과 나는 최신 기술의 도움을 받아 이 문제를 혁신적으로 해결할 방법을 찾아냈다.

빽빽한 강연 일정을 앞두고 비행기를 타는 것이 빌의 건강에 좋지 않다는 사실을 발견했기 때문에 시기적으로는 최악의 타이밍이었다. 암웨이, 왓킨스, 디즈니, 나이키 등 굴지의 기업들이 강연을 예약해놓고 우리가 오기를 기다리고 있었다. 우리 주가가 상한가를 치던 시기였다. 빌은 고급 호텔에서 안락하게 보내는 것을 즐겼고 나는 여행하면서 대중연설을 하는 기회를 맘껏 즐겼다.

그러던 어느 날 일이 터졌다. 애틀랜타로 향하는 비행기 안에서 빌의 옆 좌석에 앉은 나는 단잠에 빠져 있었다. 그런데 빌이 갑자기 호흡곤란을 일으켰다. 빌은 자신이 죽을 날이 머지않았다고 생각했다. 고집스러운 빌은 나를 깨워 도움을 청하지 않았다. 산소흡입기의 도움을 받아 공황상태를 무사히 넘겼지만 그 일로 빌은 큰 충격을 받았다.

빌은 이전에도 가끔 호흡곤란을 일으켰다. 특히 몇 블록을 쉬지 않고 걷고 나면 호흡이 가빠졌다. 하지만 잠깐 쉬면서 산소흡입기를 사용하고 나면 금방 호흡이 안정되고 다시 걸을 수 있었다. 빌은 그런 식의 호흡곤란을 대수롭지 않게 여겼다. 의사는 진행성 섬유증 폐질환 때문에 호흡곤란이 일어난다고 진단했다. 원인은 위산 역류 때문인데 역류된 위산이 폐 조직에 상처를 유발하기 때문에 통증과 호흡곤란이 발생한다. 쉬운 말로 설명하면 빌의 폐가 체내에서 필요한 산소를 제대로 공급하지 못하는 것이다. 장시간 비행할 경우 비행기 안의 공기가 탁하기 때문에 빌의 상황이 더 악화되는 것이다.

빌이 공황발작을 일으키기 시작하면서 문제가 더 복잡해졌다. 공황발작은 빌이 숨을 제대로 쉴 수 없을 것 같다는 심리적 두려움을 느낄 때 발생한다. 공황발작이 일어나면 폐에서 과호흡이 시작되고 결국 호흡곤란을 초래한다. 빌은 계속 강연하러 다닐지 아니면 병마에 항복하고 안전한 집에서 편안하게 쉴지를 두고 갈등했다. 결국 빌은 미국 동부지역으로 한 번 더 출장을 간 다음 더는 비행기를 타지 않았다. 항공여행은 하지 않기로 한 것이다.

빌이 비행기를 타지 않겠다고 하자 나는 당황했다. 대중

연설가를 꿈꾸던 나에게 청천벽력 같은 일이 아닐 수 없었다. 빌이 없는 셸리는 아무도 원치 않을 것이다. 여행 가방을 풀기도 전에 나는 컴퓨터에 능통한 남편과 머리를 맞대고 해결책을 찾았다. 남편은 최신 디지털 영상기술과 인터넷을 활용해 빌의 강연을 청중에게 충분히 전달할 수 있을 거라고 말했다. 빌은 영상으로 청중과 만나고 나는 여전히 무대 위에서 내 역할을 성실히 수행하는 것이다. 빌이 직접 강연에 참석할 수 없을 때는 내가 무대에 있는 동안 빌과 실시간으로 전화 연결을 해서 필요한 대화를 하면 된다. 빌은 내가 대중연설을 얼마나 원하는지 알기에, 빌 자신은 판매실적으로 이어지는 대중의 관심이 필요했기에 이 새로운 시스템에 순순히 따랐다.

실시간 오디오와 영상 시스템을 이용한 강연은 크게 성공했다. 청중은 가상현실을 통한 빌의 강연에 대해 빌이 직접 무대에 섰을 때와 똑같은 반응을 보여주었다.

강연이 끝나고 나면 나는 청중에게 빌이 극복한 최대 장애가 무엇이라고 생각하는지 묻는다. 그러면 대체로 뇌성마비, 척추수술, 건강문제, 어머니의 죽음, 운전을 못하는 것 등 다양한 의견이 나온다. 그 밖에도 여러 가지 장애요

인을 이야기한다. 청중이 생각하는 장애요인들을 커다란 칠판에 적기도 한다. 그런 다음 영상이나 전화로 연결된 빌에게 목록을 보여주면서 묻는다. "뇌성마비가 장애가 되었나요? 어머니의 죽음이 장애가 되었나요?" 빌은 확고한 신념에 차서 사람들이 장애일 거라고 지목한 것들을 하나씩 부인한다. "저는 어떤 장애도 없다고 생각합니다."

수많은 사람들이 빌의 이야기를 듣고 용기를 얻었다. 더 놀라운 것은 이들 가운데 대다수가 20분 분량의 〈20/20〉 프로그램이나 〈오레고니언〉 기사를 통해 빌을 알게 되었다는 점이다. 그것만으로도 삶을 바꾸기에 충분했던 것이다. 그러니 오랫동안 직원 겸 친구였던 내가 빌의 영향을 받은 것은 당연하다. 빌은 내 인생 최대의 고난보다 훨씬 더 심각한 난관을 일상적으로 극복하며 산다.

그렇지만 나 역시 개인적으로 여러 가지 어려움을 겪었고 때때로 좌절하면서 나의 부족한 점을 깨달았다. 예를 들어 어린 시절의 경험은 돈과 물질적 부에 대한 내 태도에 영향을 미쳤다. 내가 열두 살 때 우리 가족은 포틀랜드에서 하와이의 작은 섬 카우아이로 이사를 갔다. 부모님께서는 일자리 때문에 그곳으로 이사 갔지만 일자리를 얻지 못했다. 우리는 적은 돈으로 살아남는 방법을 터득하게 되었다. 돈이 없다 보니 어머니는 직접 빵을 구워야 했고 정원 텃밭에서 먹을거리를 직접 재배했다. 전기를 아끼려고 빨래를 햇빛에 널어서 말렸다. 우리 처지를 아는 친구와 이웃들이 나눠주는 열대 과일을 감사하게 받아먹었다.

섬 사람들은 본래 캐주얼한 옷을 즐겨 입지만 우리는 선택의 여지가 없었기 때문에 캐주얼한 옷을 입었다. 발가락 슬리퍼가 너무 낡아서 얇아지고 찢어져도 돈이 없어서 그대로 신고 다녀야 했다. 원주민 아이처럼 맨발로 뛰어다니는 거라고 농담했지만 사실은 나도 호놀룰루나 미국 본토에 있는 백화점에 즐비하게 전시된 멋진 신발들 중 하나를 골라서 신고 싶었다. 나도 가끔 물질적으로 조금은 더 편한 삶을 원하는 평범한 10대 소녀였던 것이다. 카우아이에서 살았던 시절은 내게 소중한 추억으로 남았지만 그때 궁핍한 삶을 견뎌야 했기에 돈을 잘 쓰지 않는 습관이 생겼고 그런 습관이 결혼생활에 약간의 불화를 초래하기도 했다.

첫아이를 출산한 뒤 나는 일을 그만두고 전업주부가 되기로 결정했다. 이는 수입이 절반으로 준다는 뜻으로 생활에 큰 변화를 가져왔다. 걱정이 되었지만 그것이 옳은 결정이라고 생각했다. 처음 산 집의 담보대출금도 갚고 학자금 대출도 상환해야 했기 때문에 우리는 허리띠를 바짝 졸라매고 돈을 절약했다. 우리는 자린고비를 가훈삼아 구두쇠 전략을 맹렬하게 실행에 옮겼다.

카우아이 섬에 살았을 때 엄마가 그랬듯이 나는 생존 모드에 돌입했다. 엄마처럼 채소를 직접 기르고 빵을 굽지는 않았지만 할인쿠폰을 부지런히 모으고 세일 판매하는 곳을 열심히 쫓아다녔다. 친구가 중고품 매장과 차고 세일하는 곳들을 소개해주었다. 내 달력은 순식간에 메모로 가득 찼다. 금요일 아침마다 열리는 차고 세일에 꼭두새벽부터 달려갔다. 중고물건들을 반값에 파는 토요일 오후 차고 세일도 빠뜨리지 않고 찾아다녔다. 화요일은 중고신상품이 입고되는 중고품 매장으로 달려갔고 수요일 저녁에는 유통기간이 지나기 직전에 반값에 할인 판매하는 육류, 유제품 코너에서 장을 봤다.

그렇게 나는 할인구매의 달인이 되어갔다. 세일하는 곳이 있으면 가다가도 직감적으로 브레이크를 밟고 차를 돌렸다. 나는 '절약의 여왕'이라는 별명을 얻었고 그 별명을 자랑스럽게 생각했다. 좋은 상품을 싸게 사는 탁월한 감각

덕분에 우리는 수입에 비해 넉넉하게 생활할 수 있었다. 새로 장만한 옷을 보고 누군가 칭찬하면 나는 자랑스럽게 말했다. "밸류 빌리지(중고품 매장)에서 단돈 1달러 98센트에 샀어요. 신발은 99센트 주고 샀고요." 친구가 놀러 오면 가구며 땡처리 물건들로 가득 찬 옷장까지 최근에 싸게 장만한 물건들을 보여주며 자랑하기에 바빴다. 앞으로 있을 생일, 출산, 결혼 등 선물이 필요할 때를 대비해 미리 장만해 둔 것이다.

남편은 내가 고급 매장에서 사치스러운 물건을 구매하지 않는다고 고마워했지만 싸다고 해서 필요하지도 않은 물건을 사는 것은 현명하지 못하다고 지적했다. "아직 초대받지도 않은 결혼식 선물로 앨범을 열 개씩이나 사둘 필요는 없잖아."

직장동료들과 저녁식사를 마치고 웨이터가 계산서를 갖고 왔을 때 내가 할인쿠폰을 한 무더기 꺼내고 교회에서 네 살짜리 딸아이가 어느 여자 신도에게 "이 드레스는 엄마가 굿윌(빈민구제모금 및 사회복지사업 단체-옮긴이)에서 사주셨어요"라고 불쑥 이야기하는 바람에 남편은 창피해서 어쩔 줄 몰라 했다.

남편의 수입이 늘어나고 내가 빌의 배달 일을 돕기 시작하면서 돈을 벌자 남편은 거실의 가구를 새로 장만하고 싶어 했다. 하지만 나는 생각이 달랐다. "물론 지금 있는 중고 가구가 거실에 어울리지도 않고 아이들과 강아지 때문에 얼룩이 좀 졌지만 새로 사는 가구도 똑같이 더러워질 텐데 무엇 때문에 돈을 낭비해요? 게다가 다음 주말에 중고가구 세일을 하니까 거기서 적당한 물건을 찾아보면 되잖아요."

남편은 새 소파를 사겠다고 고집을 피웠고 나는 그러겠다고 약속해놓고 남편 몰래 '필요한' 세일판매 물건들을 사느라 돈을 더 지출했다.

싼 물건에 대한 집착은 갈수록 심해져 병적인 수준에 이르렀다. 도박중독자처럼 나는 항상 싸고 좋은 물건을 찾아다녔다. 가장 괜찮은 차고 세일이 토요일에 있기 때문에 나는 주말 가족외식도 포기했다. 남편은 세일에 대한 내 집착에 점점 넌더리가 나기 시작했다. 남편은 세일을 쫓아다니느라 가족과 보내야 할 소중한 시간을 빼앗길 뿐 아니라 그런 내가 너무 창피하다고 생각했다.

그러던 어느 날 남편이 폭발하고 말았다. 우리는 둘만의 오붓한 데이트를 즐기기로 했다. 토요일 저녁 아주 오랜만에 아이들 없이 둘이서만 외출하기로 했다. 내가 계획을 세우면 저녁식사나 디저트는 쿠폰으로 해결할 것이 뻔했기 때문에 남편에게 모두 맡기기로 했다. 남편은 우리가 몹시 보고 싶어 했던 영화를 한 편 보자고 했다. 남편은 아이들을 베이비시터에게 맡기고 저녁 7시 영화를 보자고 했다. 그 즉시 내 머릿속에서 계산기가 돌아갔다. '저녁 7시에 영화를 보자고? 이 남자가 정신이 있는 거야, 없는 거야? 할인도 안 되는데 돈을 전부 내고 볼 수는 없지.'

"여보, 낮 시간에 보면 안 될까? 훨씬 싸거든."

이 말에 남편은 참았던 화를 폭발하고 말았다. 남편은 내 눈을 똑바로 보며 이렇게 말했다. "당신, 정말 너무하는군. 책상 서랍에 감춰둔 사탕 값만 해도 500달러는 족히 될 거야. 게다가 당신이 걸핏하면 사다 나르는 선물 값은 일 년이면 2,000달러도 넘을 거야. 그런데 토요일 저녁에 영화 한 편 보면서 3달러밖에 안 되는 표 값을 그렇게 아까워하다니… 당신은 내가 데이트 계획을 안 세운다고 늘 불평하지만 내가 데이트 계획을 세우면 당신은 불평을 더하잖아. 우리도 영화 보는 데 3달러 정도 쓸 형편은 되니까 제발 궁상 좀 그만 떨라고!"

사탕이나 선물 얘기는 부풀려졌고 정확히 따지면 3달러씩 두 사람이니까 6달러가 되며 팝콘 값까지 포함하면 낮시간 할인 티켓에 비해 10달러나 더 쓰게 된다는 논리로 나 자신을 합리화했다. 나는 검소함이 도가 지나치다는 것을 알았지만 통제되지 않았다. 그로써 결혼생활에 문제가 발생했고 가족도 짜증스러워했다. 나는 빌에게 도움을 청했다. 빌은 우리보다 돈이 적었지만 싸구려를 쫓아다닐 필요성을 느끼지 않았다. 빌은 매월 수지를 맞춰가면서 단순한 삶에 만족하며 편안하게 살았다.

빌의 이야기를 듣고 나는 세일 중독을 고칠 수 있었다. 강연을 준비하면서 나는 빌이 샌프란시스코에서 보냈던 어린 시절에 대해 물었다. 나는 다른 아이들에게서 놀림 받았던 기억이나 뇌성마비 때문에 힘들었던 기억을 떠올릴 것이라고 예상했다. 하지만 내 예상은 다시 한 번 보기 좋게 빗나갔다. 빌은 고통스러웠던 기억이 전혀 없다고 했다. 어쩌면 그런 기억을 떠올리고 싶지 않았는지도 모르겠다. 어쨌든 빌은 아무런 문제없이 행복하게 어린 시절을 보냈다.

"선생님께서는 우리를 밖으로 데리고 나가서 매일 30분씩 일광욕을 시켜주셨지. 햇살이 살갗에 닿는 느낌이 참 좋

앉아. 선생님께서는 15분이 지나면 몸을 반대쪽으로 돌리라고 하셨어. 어느 날 저녁 어머니가 나한테 목욕하라고 하기에 학교에서 이미 목욕, 즉 일광욕을 했기 때문에 할 필요가 없다고 말했더니 어머니께서 웃으셨어. 그러고는 비누와 물로 진짜 목욕을 시켜주셨지."

어린 시절 추억을 회상하는 빌의 눈빛을 보면서 나는 빌이 어린 시절의 추억을 얼마나 소중하게 생각하는지 느낄 수 있었다. 그 모습을 보는 내 눈에 어느새 눈물이 고였다. 빌은 모든 것에서 긍정적인 면을 찾아내고 장애를 신나는 도전으로 생각하는 축복받은 능력을 타고났다.

빌이 자신의 어린 시절에 대해 이야기하는 동안 나도 유년기를 생각해봤다. 바닷물이 무릎까지 차오르는 카우아이 해변에서 가족에게 손을 흔들고 있는 내 모습이 떠올랐다. 어린 시절에 자주 반복되던 아름다운 장면이었다. 햇살과 파도의 느낌이 참 좋았다. 부모님이 나를 사랑한다는 것을 한 번도 의심해본 적이 없었다. 돈이 없어도 서로 사랑하고 아끼는 가정에서 자랐다는 것이 참 행운이라는 생각이 들었다. 빌과 마찬가지로 나 역시 진짜 장애는 하나도 없었다는 걸 깨달았다.

우리 집이 가난한 것은 장애가 아니었다. 오히려 부모님이 나를 사랑했기 때문에 나는 축복받은 사람이었다. 지금 내 가족도 나를 사랑하고 나 역시 그들을 사랑한다. 돈을 해결해야 할 하나의 도전으로 생각하지 못하고 나 스스로 돈에 집착했고 돈을 장애로 인식했다. 지독하게 돈을 모으고 싸구려 물건들을 사다 날라야 할 만큼 실제로 돈이 부족하지 않았다. 나는 돈으로 살 수 없는 것을 이미 갖고 있다. 그것은 바로 사랑이다.

시간이 걸렸지만 나는 빌을 본받아 돈에 대한 생각을 바꿨다. 이제 쇼핑에는 관심이 없다. 지금까지 사 모은 물건만으로도 앞으로 몇 년은 충분히 버틸 수 있다. 가끔 큰 맘 먹고 제 값을 주고 영화표를 사서 온 가족이 영화를 보기도 한다. 매주 토요일은 가족끼리 행복한 추억을 만드는 시간이 되었다. 무더운 여름날이면 항상 바다에 가서 파도 속에서 뛰어놀고 일광욕을 즐긴다. 빌을 보면서 어린 시절이 내게 남겨준 것은 상처가 아니라 인내와 시간을 갖고 극복해야 할 과제라는 것을 깨달았다. 나는 이 점을 늘 빌에게 감사하게 생각한다.

# 10장 나를 넘어서다

Door to Door

"평생동안 지켜야 할 자신만의 가치를
갖고 있어야 합니다."

"당신의 삶을 이끄는 원동력은 무엇입니까? 그냥 집에서 편히 앉아 장애연금이나 받으며 살아도 될 텐데 매일같이 새벽에 잠자리에서 일어나 정장을 갖춰 입고 하루 종일 걸어서 수십 가구를 방문하며 물건을 팔 수 있게 해주는 그 힘은 도대체 무엇인가요?"

빌은 이런 질문을 자주 받는다.

그럴 때면 빌은 이렇게 대답한다. "제가 할 수 있는 일이 있다는 것을 알았습니다. 그리고 확신이 있었습니다. 어머니께서는 제가 마음만 먹으면 뭐든지 할 수 있다고 말씀하셨고 저는 그 말을 믿었습니다. 그래서 저는 일을 하겠다고 마음먹었고 그 목표를 향해 앞만 보고 달렸습니다. 고용지원센터에서 소개해준 직장에서 해고당했을 때 실망하고 좌절했지만 포기하지 않았습니다. 좌절과 실망은 잠시 접어두고 계속 구직을 시도했습니다. 반드시 제게 맞는 일자리가 나타날 거라고 믿었으니까요. 자기 자신을 믿고 열심히 노력해야 합니다. 어머니와 아버지 그리고 하나님을 통해 그렇게 해야 한다는 걸 배웠습니다."

병든 어머니를 보살피면서 매일 일해야만 했던 1980년대는 빌에게 고난과 도전의 세월이었다. 그 세월을 견뎌낸 빌의 정신력에 나는 그저 감탄할 뿐이다. "일을 할 수밖에 없었어. 돈을 벌어야 했으니까." 빌의 대답은 짧고 간결하다. 이처럼 존경스러운 빌의 인격적 특성은 심오한 내면의 가치체계에서 기인한다.

빌의 어머니가 돌아가시기 직전 나는 교회에서 청소년 그룹을 지도하는 자원봉사를 해달라는 요청을 받았다. 그룹에 속한 여학생들에게 지금은 물론 평생 동안 지켜야 할 가치에 대해 가르치는 일이었다. 우리는 믿음, 신의 섭리, 개인의 가치, 지식, 선택과 책임, 선행, 정직 등의 가치에 대해 공부했다.

모임에 참석한 어린 여학생들과 이 일곱 가지 가치에 대해 모범이 될 만한 사람을 선정한 다음 그 이유를 말해보는 시간을 만들었다. 주로 존경받는 부모, 선생님, 조부모, 친구를 예로 들었다. 그러나 나는 빌 포터를 꼽았다. 내가 아는 사람들 중에서 이 일곱 가지 가치를 가장 잘 실천하는 사람이기 때문이다. 빌의 부모님은 빌이 어렸을 때부터 평생 동안 일상의 좌표가 될 내면의 가치를 갖고 있어야 한다고 가르치셨고 빌은 그때부터 줄곧 그 가치를 믿고 실천해왔다. 확고한 내면의 가치체계를 갖고 있었기에 빌은 많은 시련을 이겨내고 성공적인 삶을 살 수 있었다. 빌이 삶에서 일곱 가지 가치를 어떻게 실천하는지 하나씩 살펴보자.

### 믿음

아이린 포터는 신앙심이 깊은 여성이었다. 그녀는 아들이 추상적인 개념으로가 아니라 매우 구체적이고 실질적으로 하나님의 지혜를 사랑하도록 가르쳤다. 행동으로, 삶의 모든 면에서—그것이 긍정적이든 부정적이든—하나님의 지혜를 사랑해야 한다고 가르쳤다. 아이린은 인생에서 좋은 일이 생기면 그것을 결코 당연하게 생각하지 않았다. 좋은 일이 생길 때마다 반드시 감사를 드렸고 불행한 일을 극복하지 못할 고난으로 생각하지 않았다. 불행이 닥쳤다고 해서 심통을 부리거나 한탄하는 일은 없었다.

포터 가족은 주일마다 교회에 나가 자신들의 삶을 축복해준 신에게 기도하면서 감사를 드렸다. 아이린은 하나님께서는 실수하지 않는다고 굳게 믿었다. 뇌성마비도 빌의 일부였고 하나님이 주신 선물이었다. 아이린은 마음속 깊이 믿었다. 하나님께서는 포터 가족을 사랑하시고 매사에 그들을 지켜주실 거라고. 아이린은 빌에게 믿음이 있으면 아무리 힘든 고난도 이겨낼 수 있다고 가르쳤다. 빌은 하나님에 대한 믿음이 곧 인간에 대한 믿음이라는 걸 알았으며 이런 믿음 때문에 고객들을 형제자매로 생각할 수 있었다.

### 신의 섭리

아이린과 어니스트 부부는 빌이 신성한 성품과 재능을 타고난 하나님의 자녀임을 한 번도 의심하지 않았다. 빌은 하나님이 준 재능을 스스로 발견하고 다른 사람들과 나눠야 한다고 배웠다. 아이린은 빌에게 인내심을 가르쳤다. 하나님이 우리에게 준 모든 것을 깨닫는 데는 오랜 기다림이 필요하다고 말해주었다. 몇 년을 찾아 헤맨 끝에 빌은 자신이 세일즈, 즉 다른 사람들의 신뢰를 얻어내는 일에 재능이 있음을 발견했다. 빌의 친구와 고객들은 빌에게서 상품과 미소만 받은 것이 아니었다. 빌은 그들이 하나님이 준 신성한 달란트를 찾아내도록 도와주는 특별한 능력을 갖고 있다.

## 개인의 가치

장애아를 둔 부모들이 장애가 축복의 다른 모습이 될 수 있다는 사실을 깨닫지 못하는 것을 보고 아이린은 안타까워했다. 빌이 뇌성마비라는 사실을 처음 알았을 때 그녀 자신도 엄청난 좌절감을 경험했기에 그 절망과 슬픔을 충분히 이해한다. 그러나 그녀는 빌이 특별한 아이이고 다른 사람들에게 중요한 깨달음을 주기 위해 세상에 태어났음을 금세 깨달았다. 그녀는 빌이 이 세상에 태어난 목적을 제대로 이루려면 병원이 아니라 세상 속에서 사람들과 섞여 지내야 한다고 믿었다. 그 결과 빌은 열등감은 물론 장애인이라는 의식을 전혀 갖지 않게 되었다. 하나님께서 빌에게 준 사명은 자기 삶에 최선을 다함으로써 무엇이든 가능하다는 사실을 다른 사람들이 깨닫게 하는 것이다.

### 지식

빌은 지식이 성공적인 삶의 열쇠가 된다는 사실을 부모님에게서 배웠다. 빌이 뇌성마비 진단을 받았을 때 빌의 부모님은 뇌성마비에 대해 스스로 공부하셨다. 아버지는 세일즈 일을 그만둔 뒤 장애인학교에 취직했고 어머니는 뇌성마비연합에서 자원봉사활동을 했다. 빌의 부모님은 사회 통념과 관습에 맞서 싸워서 빌을 공립학교에 보냈다. 그들은 빌이 자립하려면 좋은 교육을 받아야 한다고 생각했다.

우여곡절 끝에 왓킨스에서 일하게 되었을 때 빌은 회사와 상품에 대해 철저하게 공부했다. 빌은 방문판매에 나서기 전에 완벽하게 준비했다. 고객이 문을 열어주었을 때 카탈로그에 나와 있는 모든 상품에 대해 고객이 어떤 질문을 하더라도 대답할 준비가 되어 있어야 한다고 믿었다. 빌은 업계 전체를 철저하게 분석함으로써 경쟁에서 살아남았다. 빌은 '환불보장'이라는 조건을 제시함으로써 세일즈라는 예술의 완벽을 추구했고 그로써 고객층이 넓어졌고 북서부 지역의 최고 세일즈맨이 될 수 있었다.

빌은 500명이 넘는 고객의 쇼핑습관은 물론 개개인의 취향을 완벽하게 암기했다. 누가 빵을 구울 때 바닐라를 사용하는지, 어떤 고객이 친환경 비누를 고집하는지 그 고객들의 이름을 줄줄 외울 정도다. 지식은 빌에게 든든한 힘이 되어주었다. 그래서 빌은 끊임없이 공부한다.

### 선택과 책임

뇌성마비에 대해 빌에게는 아무런 선택권이 없었다. 그렇지만 그의 부모는 그들에게 주어진 운명에 어떻게 대응할지 선택할 수 있었다. 의사들과 그들을 진심으로 걱정하는 친구들은 빌을 시설에 보내라고 권했다. 빌을 집에서 키우게 되면 많은 위험을 감수해야 한다고 걱정했다. 숱한 난관을 뛰어넘고 희생도 감수해야 했지만 빌의 부모는 아들을 집에서 키우기로 했다. 어마어마한 의료비를 감당해야 하고 장애아를 집에서 키우는 가정에 대해 세상이 호의적이지 않다는 사실을 잘 알고 있었다.

대개 장애아들은 쉬쉬하며 요양소나 병원으로 보내졌다. 그러나 그들은 한 치의 망설임이나 후회도 없이 빌을 집에서 양육하기로 결정했다. 빌은 일찍이 선택은 자기 자신에게 귀속된다는 것을 깨달았다. 선택을 통해 그 사람의 인격과 성품이 결정되고 선택을 통해 선과 악이 구별된다. 자신이 선택의 주체라는 깨달음은 그가 처음 일자리를 얻고자 했을 때 빛을 발했다.

"선택은 네가 하는 거야. 다시 고용지원센터에 가서 너의 취업의지를 분명히 보여줄 것인지 아니면 기가 죽어서 집에 틀어 박혀 있을 것인지는 네가 결정할 일이야." 어머니는 빌에게 말했다. 말은 쉽지만 이런 경우 대다수 사람들은 그 선택권을 행사하지 않는다. 그렇지만 올바른 결정을 내리지 않으면 장래성이 없는 초라한 일이나 하면서 불행한 삶을 살아야 했다.

스스로 선택할 수 있는 권한이 있다는 인식은 빌을 강하게 만들었다. 빌이 초인종을 누르겠다고 굳게 마음먹으면 아무도 빌을 못 말린다. 어떤 고객이 빌이 자기 집으로 다가오는 것을 보고 뒷마당 쪽으로 숨어서 문을 열어주지 않았다고 한다. 빌은 고객이 집에 있다는 것을 알았고 그 집 뒷문을 두드렸다. "집에 계신 거 다 압니다." 빌이 소리쳤다. 숨어 있던 고객은 너무 창피해서 더 많은 걸 구매했다. 퇴근한 남편이 화가 나서 그 고객을 호되게 야단쳤다.

"내가 그 사람한테 사지 말라고 했건만 도대체 왜 또 산 거야?" 남편이 화를 냈다.

그 고객은 이렇게 항변했다. "너무 적극적이고 끈질겨서 도저히 안 살 수 없었어요."

남편이 전화를 걸어서 주문을 취소하려고 하자 빌은 남편이 물건을 써보고 만족하지 않으면 물건값을 전액 환불해주겠다고 약속했다. 이 부부는 이제 빌의 단골이 되었고 빌이 방문할 때면 두 팔 벌려 환영한다. 물론 지갑도 활짝 연다.

## 선행

"이와 같이 너희 빛을 사람 앞에 비치게 하여 저희로 너의 착한 행실을 보고 하늘에 계신 너희 아버지께 영광을 돌리게 하라(마태복음 5장 16절)."

빌은 어두운 세상에서 진정한 한줄기 빛이다. 그는 평생 동안 열심히 일했고 자립적으로 살기 위해 끊임없이 노력했다. 또 자신을 돕기 위해 삶에 개입한 모든 사람에게 감사할 줄 안다. 물론 그들 가운데 대다수는 대가를 받는다. 빌은 이런 면에서도 확고한 원칙을 고수한다. 물론 대가 없이 베푼 친절을 몇 번 받아들이기도 했다. 예를 들어 교통사고를 당한 후 교회 여신도들에게 저녁을 얻어먹었고 집안 보수, 카펫 교체 작업, 스프링클러 설치비용을 할인 받기도 했다.

빌은 자신이 받은 친절에 보답하려고 노력했다. 빌이 자주 가는 패스트푸드 식당에서 일하던 10대 여학생이 차에 치여 입원하자 빌은 무척 걱정하며 꽃과 초콜릿을 보냈고 전화도 자주 했다. 전국을 누비며 출장 다닐 때는 항상 친구들에게 줄 선물을 챙겼다. 자기를 도와주는 물리치료사에게는 달콤한 향기가 나는 비누와 로션을 선물했고, 이웃들에게도 기념품을 사다 주었다. 가정집을 돌아다니면서 사탕을 파는 꼬마들에게 사탕을 사서는 다시 팔거나 먹으라며 되돌려주기도 했다. 왜 그랬느냐고 물으면 빌은 대수롭지 않다는 듯 사탕을 먹으면 편두통이 생긴다고 했다.

## 정직

빌은 고객에게 물건을 판매할 때 한 치의 거짓말도 하지 않는다. 빌은 천성적으로 다른 사람을 속일 줄 모른다. 빌은 고객에게 약속한 것을 100퍼센트 그대로 이행한다. 영악하고 계산적인 비즈니스맨이 보기에 이러한 태도가 어리석고 비현실적으로 보이겠지만 이는 현실에서도 통한다.

빌의 실적이 이를 증명해준다. 퇴근 후 송장을 검토하면서 빌은 고객이 당부한 사항을 꼼꼼하게 확인한다. 물론 빌도 이윤을 추구한다. 상품과 수량이 정확히 일치하는지 송장을 일일이 점검한다.

나는 배달일 외에 환불업무도 담당하는데 빌은 단돈 몇 센트라도 물건 값을 더 받으면 반드시 고객에게 돌려준다. 빌에게는 2센트나 200달러나 똑같이 중요하다. 이것은 원칙의 문제이기 때문이다. 어떤 경우에도 정직이 돈보다 우선한다. 정직은 모든 상거래의 핵심이다. 빌은 정직과 도덕이 무너지면 공멸한다고 주장한다.

빌이 지향하는 가치는 어머니의 참을성 있는 가르침의 산물이다. 그렇기 때문에 나 역시 교회의 어린 여학생들에게 가르치고 싶은 일곱 가지 가치의 표본으로 아이린을 들 수 있다. 아이린은 부모가 자녀를 잘 가르치는 것과 기쁠 때나 슬플 때나 불확실한 인생길의 등불이 되어줄 가치를 심어주는 것이 얼마나 중요한지 보여주었다. 남편과 나 또한 아이들에게 이런 가치를 심어주려고 노력한다. 몇 년 전 어느 날 저녁 우리 가족은 식탁에 모여 앉아 우리 가족의 사명에 대해 장시간 토론을 벌인 적이 있다. 대가족이다 보니 모든 구성원이 이루고 싶은 목표를 모두 가족의 미션에 포함시킬 수는 없었으므로 자유롭게 생각을 공유하고 토론했다. 그리고 그중 일부는 받아들이고 나머지는 버렸다. 그렇게 해서 완성한 우리 가족의 미션은 다음과 같다.

첫째, 언제나 함께한다.
둘째, 엄마와 아빠가 아이들을 지켜준다.
셋째, 어려울 때 서로 의지가 되어준다.
넷째, 항상 귀를 열어두고 서로 이야기를 들어준다.

우리는 커다란 종이에 이 네 가지 미션을 적어서 냉장고에 붙였다. 그로부터 10년이 지났고 네 아이가 더 태어났지만 미션 목록은 여전히 그 자리를 지키고 있다. 그사이 새로운 목표가 추가되었다. '친절하기, 다른 사람을 섬기기, 감사하기, 이웃을 사랑하기, 정직하기'가 목록에 더해졌다. 추가된 목록을 인쇄해서 부엌 벽에다 붙여놓았다.

빌과 나는 종교는 다르지만 둘 다 신의 존재를 믿는다. 신께서는 모든 사람을 하나의 큰 가족으로 묶어서 주관하고 그 가족 안에서 우리는 사랑하고 서로서로 배운다. 최근에 빌의 삶을 잘 요약해주는 성경구절을 발견했다.

"…인내로써 우리 앞에 당한 경주를 경주하며 믿음의 주요 온전케 하시는 이인 예수를 바라보자(히브리서 12장 1절~2절)."

이것이 바로 내가 본 빌의 모습이다. 인내로써 경주를 달린다. 그리고 그의 부모와 하나님께서 가르쳐주신 가치를 고수함으로써 그 경주에서 승리하는 자, 그것이 바로 빌이다. 나는 그 경주가 오랫동안 계속되고 열매 맺기를 바란다. 나는 빌이야말로 인류와 하나님께서 보시기에 진정한 영웅이라고 믿는다.

**빌 포터에게 보내는 편지**

40년이 넘는 세월 동안 등이 약간 굽은 자세로 오른손은 등에 바짝 갖다 붙이고 왼손에는 서류가방을 들고 빌은 집집마다 문을 두드리며 오리건 포틀랜드의 언덕길을 부지런히 걸어 다녔다. 그에게서 생활용품을 구매하는 고객들과 그 지역을 방문한 외지 사람들 가운데 호기심이 많은 몇 사람만이 빌을 알고 있을 뿐 그는 아무도 알아주지 않는 사람이었다.

 1995년 11월 27일 〈오레고니언〉의 톰 홀먼 기자가 쓴 기사를 통해 빌은 세상 사람들에게 알려졌고 〈리더스 다이제스트〉와 〈포지티브 리빙 매거진〉에도 그의 이야기가 실리게 되었다. 그러자 텔레비전 방송국도 그에게 주목하기 시작했다. CBS의 〈굿모닝〉에도 출연했고 결국 ABC의 〈20/20〉까지 그의 이야기에 관심을 보였다. 빌이 출연한 후 시청자들은 〈20/20〉 프로그램 역사상 가장 뜨거운 반응을 보였다.

이러한 사람들의 반응에 빌은 깊이 감동받았다. 독자들과 시청자들에게서 쇄도하는 편지를 보면서 빌은 하나님께서 자신에게 또 다른 삶의 목표를 주셨다는 것을 깨달았다. 빌과 나는 거실에 앉아서 받은 편지를 하나도 빠짐없이 모조리 읽었다. 고통과 기쁨을 토로하는 진심어린 편지들을 읽고 있으면 금세 눈물이 흘렀다. 빌은 이 편지들 덕분에 새로운 희망과 활력을 얻었다고 고백했다. 마치 사랑과 격려의 선순환처럼 우리가 베푼 것은 열 배로 커져서 우리에게 되돌아온다는 진리를 확인해주었다.

이 책에 실을 편지를 선별하는 것이 이 책의 제작과정에서 가장 어려운 과제였다 해도 지나친 말이 아니다. 편지를 보내준 모든 분께 감사드리며 빌과 나에게는 모든 편지가 몹시 소중하다는 점을 분명히 밝혀둔다.

텔레비전 프로그램을 보고 감동받아서 편지를 써보기는 44년 평생 처음입니다. 지난주에 방송된 〈20/20〉에서 당신 이야기를 보고 나서 제가 얼마나 감동을 받았는지 편지로 꼭 알려주고 싶었습니다. 당신 이야기를 듣고 감동하지 않을 사람이 없을 것입니다. 무척 겸손한 분이라서 자신은 전혀 특별한 사람이 아니라고 고개를 젓겠지만 당신은 진실로 특별한 사람입니다. 그 겸손함이 당신을 더욱 특별하게 만드는 것이 또 하나의 장점인 것 같습니다.

당신에게 외유내강의 미덕과 자신감을 조용히 심어주신 어머니가 존경스럽고 한편으로는 늙고 병든 어머니를 지극정성으로 돌보는 자상하고 헌신적인 아들을 둔 어머니도 부럽기 그지없습니다. 잔인한 육신의 병으로 정신이 혼미해지기 전 어머니께서는 분명 당신의 효심을 자랑스럽게 여기셨을 테고 당신의 효심에 감사하셨을 것입니다. 당신과 어머니는 서로 삶을 충만케 했습니다.

오늘날 이 세상에는 당신과 같은 긍정적인 역할모델과 영웅이 절실히 필요합니다. 이런 칭찬이 어색하고 불편하게 느껴지실지 모르겠지만 당신은 정말로 우리 모두 존경해야 할 분이라고 생각합니다. 당신이 보여준 직업윤리와 강인한 정신력은 점점 사라지고 있지만 우리 모두 지켜나가야 할 소중한 가치입니다.

인간에 대한 신뢰를 회복할 수 있게 해주셔서 감사합니다. 늘 건강하고 사업도 계속 번창하고 무엇보다 행복하시기 바랍니다. 당신은 그 행복을 어렵게 쟁취했고 그러기에 그 행복을 누릴 자격이 충분한 사람입니다.

온타리오 스카브로에서 애비

 사소한 핑계거리만 있어도 쉽게 포기하는 요즘 세상에서 당신은 영혼을 뒤흔든 자극제가 되었습니다. 당신이 극복한 장애 때문이 아니라 강한 의지와 자신감이라는 흔치 않은 가치 때문에 많은 사람에게 큰 감동을 주었습니다. 당신이 어려움을 극복했기 때문이 아니라 당신의 선한 영혼 때문에 당신을 존경합니다. 이 세상에는 당신 같은 사람이 더 많이 필요합니다.

오하이오 뉴 칼라일에서 토마스 뉴튼

 오늘은 크리스마스입니다. 어젯밤 〈20/20〉에서 당신 이야기를 봤습니다. 정말 감동적이었습니다. 저는 어떻게 하면 더 영향력 있는 사람이 될까, 주변 사람들에게 더 큰 영향을 미칠 수 있을까를 매일 고민합니다. 세계적으로 유명해질 수는 없을까를 고민합니다. '사람들에게 인정받기 위해서 무엇을 해야 할까? 무엇을 해야 좀 더 많은 사람의 삶에 영향을 미칠 수 있을까?'를 생각합니다. 그런데 어젯밤 당신 이야기에서 해답을 찾았습니다. 내가 찾던 해답은 아닐지 모르지만 어쨌든 분명 답은 찾았습니다.

뭔가 특별한 일을 하는 것이 아니라 매일매일 나에게 주어진 일상을 살아가는 것이 답이었습니다. 왕이 될 자는 모든 이를 섬겨야 한다고 했습니다. 세상 사람들이 우러러보는 왕관을 찾아 헤매느라 다른 사람들을 의식하지도 않고 결과에 연연하지도 않고 나에게 주어진 일을 충실하고 묵묵하게 해내는 것이 얼마나 가치 있고 고귀한 일인지를 잊고 살았습니다.

당신은 평범한 사람들에게 삶의 좌표를 제시해준 진정한 승리자요 왕입니다. 당신은 그런 찬사를 받을 자격이 충분합니다. 최선을 다해 자신의 몫으로 주어진 삶을 살아온 당신에게 신께서 왕관을 씌워주실 것입니다. 물론 당신 어머님께서도 무척 자랑스러워하실 것입니다. 언젠가는 당신을 직접 만나보고 싶군요.

뉴욕 팟처그에서 아론 허치스


가장 큰 장애는 바로 우리 자신의 태도입니다. 신체적으로 장애가 없는 우리에게도 때로는 너무나 벅찬 이 세상에서 끈기와 인내로 승리한 당신에게 축하의 박수를 보내드리고 싶습니다. 오늘(12월 24일) 방송된 〈20/20〉에서 당신 인터뷰를 보았습니다. 당신이 지금까지 이뤄낸 성공의 아주 작은 부분만큼이라도 제가 흉내 낼 수 있기를 바랄 뿐입니다. 세일즈라는 어려운 게임 앞에서 내일이 없는 것처럼 느끼며 살아가는 우리에게 당신은 참된 용기를 주셨습니다. 당신이 있어 새로운 태도로 새해를 맞이할 수 있을 것입니다. 감사합니다.

캘리포니아 스톡턴에서 존 와즈워스

안녕하세요. 제 이름은 레이첼이고 열 살입니다. 할아버지는 저를 모르시겠지만 저는 〈20/20〉를 보고 할아버지를 알게 되었어요. 그 프로그램을 보고 눈물을 흘렸어요. 절대 포기하지 않는 할아버지를 보고 놀라웠어요. 끈기가 정말 대단하십니다. 저라면 포기했을 거예요. 고객이 싫다고 해도 절대 단념하지 않으셨죠. 그것도 정말 대단합니다. 고객의 말이 잘 안 들리면 보청기를 켜보세요.

레이첼
추신: 전화해주세요.

**빌 포터가 보내는 편지**

사람들이 제 인생 이야기를 책으로 펴낼 만큼 가치가 있다고 생각한다는 것이 믿기지 않습니다. 그런데 셸리의 손을 거쳐 내 인생이 책으로 세상에 나왔다는 것은 더더욱 믿기지 않습니다. 셸리가 이 책에 덧붙이고 싶은 말이 있냐고 물었을 때 "당연하지. 내 삶에 도움을 주신 모든 분들에게 감사의 마음을 표해야지"라고 대답했습니다.

지금까지 참 많은 사람들이 저를 도와주셨기에 저는 더 나은 삶을 살 수 있었습니다. 모든 분들에게 그 은혜를 갚고 싶지만 그것은 불가능합니다. 제가 입은 은혜가 너무 커서 그걸 다 갚으려면 몇 년이 걸릴지 모르기 때문입니다.

그러니 감사하다는 말로 대신할 수밖에 없음을 부디 너그럽게 이해해주시기 바랍니다.

많은 분들이 선물을 보내주셨습니다. 프리메리카 파이낸셜 서비스의 마크와 리제트 롤스는 저와 셸리 가족을 디즈니랜드에 보내주셨습니다. 또 시간이라는 소중한 선물을 주신 분들도 많습니다. 성 토마스 모어 성당의 아더 던바크 신부님께서는 제 말 상대도 되고 조언도 해주셨습니다. 성당의 직원들과 성도들은 항상 저에게 친절히 대해주셨고 환영해주셨습니다. 몇 년 동안 저는 그 성당 앞마당에서 점심을 먹었습니다. 어머니께서 병으로 돌아가셨을 때도 던바크 신부님께서 장례예식을 주관하셨고 모든 신자가 제 슬픔을 위로해주셨습니다.

지난 세월 저를 도와준 셸리에게도 감사드립니다. 특히 내가 사람들과 소통할 수 있도록 가교 역할을 해주어 정말 고맙게 생각합니다. 제가 셸리에게 의지할 수 있도록 배려해주고 제게 가족이 되어준 셸리 가족에게도 진심으로 감사드립니다. 텔레비전과 신문에서 제 이야기를 듣고 편지를 보내주신 모든 분들에게도 감사드립니다.

그러나 제가 가장 감사해야 할 사람들은 작든 크든 제게 물건을 주문해서서 제가 삶을 영위할 수 있도록 해주신 고객들입니다.

저는 제 인생이 특별히 의미가 있다고는 한 번도 생각하지 않았습니다. 가족이나 가까운 친구들 이외에 다른 누구에게도 제 인생이 중요할 수 있다고 인식해본 적이 없습니다.

이 책을 읽는 모든 독자의 인생 역시 똑같이 중요하다는 말씀을 드리고 싶습니다. 당신이 살면서 매일 만나는 모든 사람에게 긍정적이든 부정적이든 당신도 영향을 미친다는 사실을 기억하기 바랍니다. 중대한 결정만이 삶을 변화시키는 것은 아닙니다. 사실 우리 삶을 변화시키는 것은 우리가 내리는 사소한 결정입니다. 한 번 더 웃어주고, 손을 흔들어주고, 아픈 친구에게 전화해주고, 그가 요청할 때나 요청하지 않을 때나 누군가를 돕기 위해 불편을 감수하는 등 작은 행동이 삶에 큰 변화를 가져다줍니다.

저와 마찬가지로 당신에게도 다른 사람들에게 좋은 영향을 줄 수 있는 기회는 주어졌습니다. 그것은 바로 최선을 다해 자신에게 주어진 삶을 살아가는 것입니다. 사람들은 제가 수천 명의 삶에 영향을 주었다고 말하지만 저는 이렇게 말합니다. 수백, 수천 명이 저를 도와주셨습니다. 그 모든 분들에게 감사드립니다. 자신이 과연 삶을 변화시킬 수 있을지 망설이는 분들에게 저는 이렇게 말씀드리고 싶습니다. 그럼요, 당연히 할 수 있습니다!

빌 포터

## 감사의 글

감사를 드려야 할 분들이 많습니다. 정말 많은 분들이 팀워크, 우정, 격려에 대해 귀한 깨달음을 주셨습니다. 여기서 행여 누구라도 빠뜨릴까 봐 걱정됩니다. 혹시 제가 깜빡하고 이름을 거론하지 못하더라도 제 마음속에는 깊이 새겨져 있다는 사실을 알아주시고 부디 너그럽게 용서해주시기를 부탁드립니다.

나의 축복, 사랑, 기쁨의 원천은 가족입니다. 너그럽고 사랑이 많은 남편에게 먼저 고맙다는 말을 전하고 싶습니다. 빌을 대신해서 몇 년 동안 왓킨스 상품을 배달하고 쇼핑하고 청소할 수 있도록 남편은 전폭적으로 지원해주었습니다. 집에 깨끗한 옷이 없거나 냉장고에 우유가 떨어졌을 때에도 남편은 불평하지 않았습니다. 내가 빌 이야기를 전하면서 다른 사람들에게 감동을 주느라 비행기를 타고 전국을 날아다닐 때 남편은 사랑으로 아이들을 돌봤습니다. 이 책을 집필하느라 저녁식사를 준비할 여력이 없을 때마다 남편은 자상하게도 퇴근길에 피자를 사들고 집에 들어왔습니다. 강사와 주부 역할을 조화롭게 수행할 수 있도록 남편은 외조를 아끼지 않았습니다. 이 책을 쓰는 동안 남편은 저를 격려해주고 여러 가지 조언과 아이디어를 주었습니다. 남편은 제게 최고의 친구입니다.

아이들은 제게 세상의 전부나 다름없습니다. 미셸, 카트리나, 테레사, 케빈, 에리카, 에밀리 모두 저를 지원해주고 이해해주었습니다. 딸 아이 하나는 나중에 커서 엄마는 되고 싶지만 책은 쓰지 않겠다고 선언했답니다. 아이들과 실컷 놀아줄 거라고 합니다. 내가 출장을 가거나 집필 때문에 서재에서 문을 걸어 잠그고 일에 몰두할 때 아이들은 청소하고 엄마를 찾으며 보채는 동생들과 놀고 기저귀도 갈았습니다. 아이들은 저를 무조건적으로 사랑해줍니다. 지난 몇 년 동안 남편과 더불어 아이들도 빌을 대신해 물건을 배달했습니다. 저를 도와 빌의 집을 청소하기도 했습니다. 아이들은 제게 큰 기쁨을 줍니다. 아이들과 함께 있을 때 가장 행복합니다.

어머니 해리엇 핸켈을 사랑하고 존경합니다. 어머니는 세상에서 가장 바쁜 사람이지만 언제나 시간을 내서 제 말을 들어줍니다. 제가 쓴 책을 몇 번이고 되풀이해서 읽어보고 의견을 주셨습니다.

저를 키워주신 아버지 게리, 어머니 해리엇 그리고 린다, 존에게 감사드립니다. 언제나 든든한 지원군이 되어준 형제자매들인 앤, 쉐인, 크리스, 체, 이스라엘, 글렌, 제니퍼에게도 고마움을 전하고 싶습니다. 특히 체에게는 내가 책을 쓰게 되면 수익금 가운데 일부를 다른 사람을 돕는 데 쓰겠다고 약속했는데 결과적으로 이 책의 출판사인 뉴월드 라이브러리가 이 책의 수익금 중 일부를 뇌성마비연합을 돕는 데 쓰기로 했으니 참 고마운 일입니다.

나의 '팀'이 없었다면 이 책을 쓰지도 못했을 것이고 빌과 강연하러 전국을 누비지도 못했을 것입니다. 몇 년 동안 당신의 손자들, 즉 제 아이들을 사랑으로 보살펴주신 시부모님께 감사드립니다. 내가 집에 없거나 컴퓨터 앞에서 일하느라 바쁠 때 아이들을 안심하고 맡길 수 있다는 것은 참 다행스러운 일이었습니다.

가족만큼이나 가까운 친구들 다이앤 영과 쉴라 페인터에게도 감사의 마음을 전하고 싶습니다. 이 친구들 역시 출장 가거나 책을 집필하는 동안 제 아이들을 봐주느라 고생이 많았습니다.

이 책을 읽고 교정해주고 아이디어를 제공해준 많은 친구들에게도 감사하다는 말을 전하고 싶습니다. 웬디 스테펀스, 테사 스테펀스, 폴리 존슨, 론다 카터, 트리샤 크래프트 모두 도와줘서 고맙고 무엇보다 소중한 우정에 감사드립니다.

네이션와이드 스피커스 뷰로의 모든 분들에게 감사 인사를 드립니다. 특히 지난 몇 년 동안 빌과 저를 대신해 강연에 관련된 업무를 처리하고 전국은 물론 전 세계 청중에게 강연할 수 있도록 기회의 문을 열어주어 감사하게 생각합니다.

빌 이야기를 감동적인 한 편의 영화로 만드는 데 실마리를 제공해준 로버트 킹, 로버트를 댄 앤젤, 빌리 브라운, 포레스트 윗테이커와 연결해줌으로써 영화제작을 본격화해준 캐리 넬슨 버크, 그리고 마침내 영화로 만들어준 제작자 데이비드 로즈몬트와 워렌 카에게 심심한 감사를 표하합니다. 또 〈도어 투 도어(Door to Door)〉라는 영화의 시나리오를 쓰고 감독을 맡은 스티븐 샤크터 감독과 영화를 제작하기 위해 혼신의 열정을 다해준 배우들 그리고 세트에서 수고하신 스태프 여러분에게 진심으로 감사드립니다.

마지막으로 영화 시나리오를 공동으로 썼으며 영화에서 주인공 빌 역할을 맡아 좋은 연기를 보여준 윌리엄 메이시에게 감사드립니다. 모두 빌 이야기를 아름다운 한 편의 영화처럼 봐주시고 수백만 명을 감동시킬 영화로 만들어주셔서 감사합니다. 이 책의 서문을 써주었고 매일 몇 시간씩 분장실에 앉아서 빌 포터가 되기 위해 고생하고 우리 친구가 되어준 빌 메이시에게 다시 한 번 감사하다는 말을 전하고 싶습니다.

책을 창조해내는 놀랍고도 새로운 세상으로 저를 인도한 뉴월드 라이브러리의 케이티 파남 코놀리, 조지아 휴스, 모니크 물렌캄프, 매리 앤 캐슬러, 그 밖의 모든 직원에게 감사드립니다. 장시간 이 책을 편집하고 디자인하고 창의적으로 업그레이드하신 점, 진심으로 감사드립니다. 빌 역시 감사하게 생각하고 있습니다. 그리고 에릭 볼트와 연결주어 감사합니다.

이 책을 기획한 편집자 에릭 볼트는 빌의 감동적인 이야기를 책으로 엮어내는 몇 달에 걸친 긴 여정에서 이메일과 전화로 저를 도와주셨습니다. 부족한 원고를 다듬고 훌륭하게 포장하고 풍성하게 보완해주셔서 감사합니다. 에릭은 안에 깊이 갇혀 있던 이야기들을 끄집어내서 가장 적절한 방식으로 표현할 수 있도록 도와주었습니다.

앞서 언급한 가족과 친구들 그리고 이름을 말하지는 않았지만 언제나 내 마음속에 있는 모든 이들을 포함해 하나님께서 주신 수많은 축복에 감사드립니다. 무엇보다 다양한 이들의 삶이 교차하도록 주관하신 하나님께 감사드립니다. 특히 아주 오래전 내 인생을 빌 포터의 인생과 엮이게 해주셔서 감사합니다. 빌이 나를 고용했고 이후 나를 해고하지 않았고 결국 인생을 공유하는 친구가 된 것을 감사하게 생각합니다. 용기와 감동을 주는 삶을 살아온 빌에게 감사드립니다. 빌의 존재 자체에 감사드립니다.

셸리 브레이디

**옮긴이** 장인선

한국외국어대학교 국제지역대학원에서 북미경제학을 전공했다. 부산여자대학 호텔경영학과에서 실용영어를 가르쳤으며 재정경제부와 금융위원회 등 금융 관련 정부기관과 한국선물거래소 등 금융기관에서 국제업무 전문가로 오랫동안 활동했다. 이후 아리랑 TV 다큐작가, BBC 다큐멘터리 번역가 등 프리랜스 번역가를 거쳐 현재는 번역 에이전시 하니브릿지에서 전문 번역가로 활동하고 있다.
옮긴 책으로는 『글로벌 청소년들의 부자가 되는 공부』, 『클로징』, 『보이 A』, 『스티브 니슨의 캔들차트 바이블』 등 다수가 있다.

# Door to Door
도어 투 도어

2011년 5월 2일 초판 1쇄 발행
2015년 12월 15일 초판 3쇄 발행

지은이 | 셸리 브레이디
옮긴이 | 장인선
발행인 | 이원주

발행처 (주)시공사
출판등록 1989년 5월 10일(제3-248호)

주소 | 서울특별시 서초구 서초동 사임당로82(우편번호 137-879)
전화 | 편집(02)2046-2854 · 영업(02)2046-2800
팩스 | 편집(02)585-1755 · 영업(02)588-0835
홈페이지 www.sigongsa.com

ISBN 978-89-527-6163-7  13840

본서의 내용을 무단 복제하는 것은 저작권법에 의해 금지되어 있습니다.
파본이나 잘못된 책은 구입하신 서점에서 교환해 드립니다.

## 지은이 셸리 브레이다

셸리 브레이다는 빌 포터의 가장 오래된 친구다. 빌을 처음 만나서 그와 함께 일하기 시작했을 때 그녀는 십대 소녀였다. 이후 대학에서 연극을 공부하고 남편인 존 브레이다와 결혼한 후 다시 빌을 도와 함께 일하게 되었다. 빌을 대신해 주문받은 물건을 배달하고 빌의 집안일도 책임지게 되었다.

빌 포터는 후천적인 뇌성마비를 이겨내고 미국 북서부 포틀랜드에서 최고의 판매왕이 된 인물이다. 이 책은 십대 소녀시절부터 빌을 도와 일하기 시작해서 지금은 가족 같은 친구가 된 셸리 브레이다가 빌로부터 배운 삶의 지혜에 관한 것들을 담고 있다. 어찌 보면 단순한 것들이지만 우리 모두가 세상을 변화시킬 수 있는 위대한 잠재력을 갖고 있다는 중요한 메시지를 전하고 있다.

지금은 기업과 조직 등을 포함해 여러 사람들에게 빌의 이야기를 알리는 일에 많은 시간을 할애하고 있다. 셸리는 남편과 여섯 명의 자녀들과 함께 오레곤 포틀랜드에서 살고 있다. 나이키, 디즈니, 프랭클린 코비, 픽스타 등 유명 기업들 뿐 아니라 전 세계에서 강연요청을 받고 빌의 이야기를 사람들과 나누며 분주한 나날을 보내고 있다.